全球治理的中国方案

全球和平 的 中国方案

赵可金◎著

图书在版编目（CIP）数据

全球和平的中国方案 / 赵可金著 . -- 北京 : 五洲
传播出版社 , 2019.3
（全球治理的中国方案）
ISBN 978-7-5085-4133-4

Ⅰ . ①全… Ⅱ . ①赵… Ⅲ . ①战争与和平问题 – 研究
– 世界 Ⅳ . ① D814.2

中国版本图书馆 CIP 数据核字（2019）第 044356 号

◈ "全球治理的中国方案"丛书

出 版 人：荆孝敏

全球和平的中国方案

著　　者：赵可金
责任编辑：苏　谦
助理编辑：秦慧敏
装帧设计：澜天文化

出版发行：五洲传播出版社
地　　址：北京市海淀区北三环中路 31 号生产力大楼 B 座 7 层
邮　　编：100088
发行电话：010-82005927，82007837
网　　址：http://www.cicc.org.cn　http://www.thatsbooks.com
承 印 者：中煤（北京）印务有限公司
版　　次：2019 年 4 月第 1 版第 1 次印刷
开　　本：787mm×1092mm 1/16
印　　张：13
字　　数：200 千字
定　　价：68.00 元

目录

导论
和平赤字与中国方案

　　和平是人类社会的永久梦想。然而，从人类社会诞生的那一刻起，就一直伴随着形形色色的冲突。直到今天，和平仍然考验着人们的智慧极限，整个世界的上空始终高悬着冲突和战争的"达摩克利斯之剑"，地区热点此起彼伏，各种冲突如影随形。诚如中国国家主席习近平所言，"和平赤字、发展赤字、治理赤字，是摆在全人类面前的严峻挑战。这是我一直思考的问题。"① 如何解决和平赤字，贡献和平智慧，提出和平方案，成为世界各国共同面临的时代问卷。

---

① 《习近平：摆在全人类面前的严峻挑战是我一直思考的问题》，新华网2017 年 5 月 14 日，http://www.xinhuanet.com/world/2017-05/14/c_129604238.htm。

第一节
和平涵义

　　一般来说，和平通常指没有战争或没有其它敌视暴力行为的状态，也用来形容人的不激动或安静。从词源来说，和平这个术语最初来自11世纪的法语词汇 pes 或者 pais，意思是和平、和解、宁静和协议。[①] 而 Pes 则来自于拉丁语的 Pax，意思是和平、契约（compact）、协议（agreement）、和平条约（treaty of peace）、镇定（tranquility）以及缺乏敌意（absence of hostility）与和谐（harmony）。英语中和平的用法来自于希伯来语的 shalom，在犹太人的语言中意思是彻底的和全部的（to be complete, whole）；[②] 在阿拉伯语中意味着正义、健康、安全、繁荣、平等、好运和友好，类似于见面时的问候或者道别。显然，在不同的文明看来，和平有着不同的理解。

　　和平在不同宗教中也都占有十分重要的地位，基督教、伊斯兰教、佛教、印度教等宗教，都把和平状态作为最高追求，尤其是一种内在精

---

① Jeff A. Benner: Hebrew Word Definitions, http://www.ancient-hebrew.org/27_peace.html.
② 同上。

2001年9月，联合国大会通过55/282号决议，决定自2002年起，每年9月21日为"国际和平日"。图为国际和平日当天，江苏南通的大学生们一起点燃和平鸽造型蜡烛，祈福世界和平、人民幸福。

神上无限满足和幸福的和平状态（peace of mind）。中国道教中的太极、印度的瑜伽、穆斯林的祈祷以及形形色色的和解（meditation）都或多或少强调一种自我顿悟和超然物外的和平境界。[①]

在学术界，狭义而言，和平即没有战争，是人与人之间或者异质集团之间没有冲突和免于暴力恐惧的状态。在历史上，很多人利用和平谈判构建各种形式的协议和条约来维护和平，避免或减少语言和肢体冲突、扩大经济交往以及促进实质性繁荣，深化彼此理解。广义而言，和平是没有因政治、经济、社会、文化等制度缺陷造成的"结构性暴力"引发的压迫、排挤、歧视、剥削、偏见，以及进而引发的贫穷、饥饿、疏离、疾病、不安等状态。

[①] Bernard McGinn: Essential Writings of Christian Mysticism, 2006, p.163.

　　总体而言，和平方案就是要以社会公平和正义的安排，在个人、家庭、社区、国家和人类等层面，在肯定生命价值和尊严的前提下，构建免于各种暴力行为的外在的安宁环境和内在的平和状态。它不仅涵盖没有战争和暴力冲突，而且还包括可持续发展、贫富差距缩小、妇女和儿童权益得到保障和社会公平正义等丰富内涵。

第二节
和平思想

　　和平是人类的共同事业。近代以来，关于和平的探索更多体现在国际关系和外交领域，认为外交就是一项和平的事业，将和平界定为一种平衡的状态，是一种关于我们和他们之间的关系问题，意味着能够接受差异、容忍它者以及尊重多样性。比如关于减少冲突（de-escalation）、冲突转型（conflict transformation）、裁军（disarmament）和暴力（cessation of violence）等的研究。

　　从古代开始，人们习惯上认为和平是胜利者的礼物，不管胜利者用什么样不恰当的方式，只要扫除一切，皆可称之为和平。[①] 和平仅仅意味着没有武斗、没有战争。在战争结束后，和平意味着正义、相互尊重以及尊重法律与善意。尤其是晚近以来，和平有了更多的道义色彩，被称为积极和平，意味着在和平基础上增加了正义的内涵。

　　针对各种战争造成的人间悲剧，欧洲的思想家努力用正义去约束战争，比如柏拉图、西塞罗、圣·奥古斯丁等著名哲学家都将建立合理的社会秩

---

① 塔西佗：《塔西佗历史》，王以铸、崔妙因译，北京：商务印书馆，1981 年。

11

序与正义结合在一起，提出了正义战争论。如何来判断战争是否符合正义呢？奥古斯丁提出了两条标准：一是永恒的法，也就是上帝的意志和智慧；二是人类的法，也就是为了维护人类公益。显然，正义战争论并非是一种和平思想，而是一种战争思想，只不过为战争确立了游戏规则和合法依据。

相比正义战争论仅仅为战争提供规范上的约束，现实主义思想家则重视为战争提供客观游戏规则，主张通过维持不同社会组织之间的力量平衡来实现和平，提出了势力平衡论（Balance of Power Theories）的和平理论。这一理论认为，战争不可能完全杜绝，而维持国家之间的力量平衡是创造国际秩序和增加和平机会的关键。在这种情况下，没有一个国家占据主导地位，有助于确立一些为各方所接受的游戏规则。但一些学者也发现，维持势力平衡往往更容易引发战争，而不是促进和平。因为这一机制会引发产生更多的国家联盟和国家集团，导致冲突和战争。为了维护和平，一些人认为应该努力维持一个霸权国家，在霸权的约束下实现"一国治下的和平"。

而理想主义者提出了一种充满理想的绝对和平理论和方案，强调理念和法律的作用。荷兰法学家雨果·格劳秀斯（Hugo Grotius）在自然法基础上，提出了建立以伦理和法制为基础的和平秩序思想，主张确立各种国际法原则来维护世界和平。[1]18世纪的欧洲启蒙运动洗去了欧洲联合思想的宗教色彩，康德在继承但丁的世界帝国和平论和卢梭人本性和平的理念基础上，提出了"永久和平论"。在康德看来，人类社会是一个逐步进化的过程，建立共和制国家间的自由联盟是实现永久和平的关键，因为共和制国家可以为确立永久和平的社会秩序建立起最高的道德

---

[1] 雨果·格劳秀斯：《战争与和平法》，A.C.坎贝尔、何勤华译，上海：上海人民出版社，2017年。

1945 年 10 月 24 日，《联合国宪章》在美国旧金山签订生效，标志着联合国正式成立。图为位于美国纽约的联合国总部大楼。

律令。[1] 为此，康德基于自由主义的国际主义哲学，提出了建立国内共和制、建立各个共和制国家之间的联邦制和对外友好的主权独立、维护和平、遵守道义等国际法准则。

在康德的启发下，关于"世界公民权利"与"和平联盟"的理念直接启发了民主和平论（Democratic Peace Theory）的思想，强调以国家内部制度的民主化营造和平，认为民主国家之间不会发生战争，但民主国家和非民主国家很容易产生战争，因此最好的办法是在全世界范围内促进民主，建立一个大国都是民主国家的世界，促进其它国家转变为民主

---

① Thomas W. Pogge: Kant, Rawls and Global Justice, Ann Arbor: University Microfilms International, 1983.

国家加入其中①。

伍德罗·威尔逊（Woodrow Wilson）提出了国际法和国际组织可以创造和平，这直接引发了 1919 年巴黎和会创建的国际联盟（the League of Nations）、二战后建立的联合国（United Nations）以及其他一些地区和国际组织。另外一些理想主义思想家则强调，康德关于永久和平论的思想启发了和平是跨国社会团结的产物，只要推动跨国民众的交流与合作，就会有助于维护世界和平。②

从 19 世纪开始，古典自由主义思想家就指出自由贸易能够促进和平。比如诺曼·安吉尔（Norman Angell）就认为大国之间的经济相互依赖的增长将会大大减少国家之间爆发战争的几率。在 20 世纪后期，这一思想在一些新自由制度主义者分析全球化的影响时被重新提及，认为资本主义和民主与和平携手同行。相反，一些社会主义者、共产主义思想家和左翼自由主义者比如列宁、霍布森等认为，资本主义由于攫取原料来源和争夺世界市场必然导致战争，而国际共产主义往往是走向和平的关键。凯恩斯对这种观点提出了强烈的批评，认为有管理的资本主义（managed capitalism）必然会促进和平，这就要求各国加强宏观经济政策、财政政策和货币政策的协调，实现更大程度的贸易自由。这一思想直接导致产生了 1944 年的布雷顿森林体系、国际货币基金组织、世界银行和后来的关税与贸易总协定（世界贸易组织）。

此外，作为一位和平主义者，印度圣雄甘地（Mohandas Karamchand Gandhi）建立了一整套处理社会冲突的非暴力方式理论。在美国的民权运动中，甘地关于目的和手段不可分割的非暴力思想产生了很大的影响，

---

① William Clinton: National Security Strategy of the U.S.1994-1995: Enlargement and Engagement, Washington D.C.: Brassey's Press, 1994, p.7-13.

② Sir Harry Hinsley: Power and the Pursuit of Peace, Cambridge: Cambridge University Press, 1962.

2018 年 11 月 11 日，时值第一次世界大战结束 100 周年之际，旨在推动多边合作的巴黎和平论坛在法国巴黎开幕。图为联合国秘书长古特雷斯在开幕式上致辞。

"实现和平别无他途，唯有和平一途"（There is no way to peace; peace is the way）。[①] 挪威著名的和平研究之父约翰·加尔通（Johan Galtung）提出了著名的积极和平思想（Positive Peace），引起了世界范围内的和平大讨论。积极和平论将单纯没有战争的状态称为"消极的和平"，将没有贫困、贫富差距等"结构性暴力"的社会状态定义为"积极的和平"。还有的将和平理解为没有武器的和平（Peace without weapons），认为武器本身是暴力的诱导，只要把武器和军事解除了，就会筑牢和平的堤坝。这一理论刺激了裁军方案的发展，并引导和平向着更广泛的社会和文化领域拓展，和解理论、可持续发展理论、生态伦理理论、文明对话理论等都被纳入和平学研究的视野。

---

① Appelbaum P. Jeffrey D. Meyers, ed: The Way of Peace: A.J. Muste's Writings for the Church, Eugene, Oregon: Cascade Books, 2016.

第三节
和平赤字

　　正如美国和平学家巴什拉所说："和平不是离我们很近,而是很遥远。"[①]纵观历史,难以计数的局部战争和军事冲突伴随着整个人类发展史。争霸夺权、宗教纷争、民族冲突、殖民与反殖民、核武器对峙与军备竞赛以及20世纪骇人的两次世界大战,冲突的威胁无处不在,和平方案总是供不应求。

　　当今世界是否是和平的,以及多大程度上是和平的? 这是和平方案首先要回答的问题。尽管和平很难探测,但还是有一些机构努力去测量和平,比如经济与和平研究所(Institute for Economics and Peace)定期发布的全球和平指数(The Global Peace Index),运用23个指标来测量世界各国的和平程度。

　　但无论选择哪一个指数体系,都不难发现冷战后的世界并非充满阳光雨露,依然是一个充满"和平赤字"的世界。所谓和平赤字,就是人民日益增长的对和平世界的期望与日益严峻的众多现实挑战之间的巨大落差。冷战结束并没有将世界带入一个和平安宁的时代,而是面临着众多新的矛

---

① David P. Barash, Approaches to Peace, New York and Oxford: Oxford University Press, 2000, p.1.

战火袭击后的叙利亚首都大马士革。从 2011 年 3 月至今，叙利亚局势持续紧张，是当今世界上最不和平的国家之一。

盾和新的挑战。尤其是进入 21 世纪之后，霸权主义和强权政治依然横行世界，形形色色的干涉主义深入发展，因领土、宗教、种族等问题引起的地区热点此起彼伏，族群摩擦和国际争端时有发生，极端主义和恐怖主义继续蔓延，各种形式的跨国犯罪无孔不入，给人们的生活带来了严峻挑战。同时，全球化在曲折中发展，发展差距日益拉大，逆全球化思潮日益凸显，单边主义、保护主义、民粹主义日益肆虐，大规模传染病、全球气候变化、生态环境恶化等全球性挑战日益严峻，人类社会面临诸多共同威胁。总之，和平受到的压力无论在深度和广度上都比以往有了更大的发展，威胁和挑战的来源也都比过去更加复杂和多元，如何治理和平赤字，提出和平方案，成为当今世界和平亟须解决的重大课题。

当今世界的和平赤字一个新的特征是和平的系统化和总体化，即和平威胁与和平治理之间的界限日益模糊，人人都可能是和平的守护者，而人人又都可能是和平的破坏者。从全球范围来看，以往和平威胁主要来自于"他者"的挑战，全球化发展最大的挑战在于安全内部化。自从民族国家建立以来，人类社会面临的最严峻的安全威胁往往来自于外部，特别是国家之间的军事冲突，因而外交部长的工作往往是在这个层面上加强与其他国家的外交关系。然而，在全球化飞速发展的时代背景下，来自自然界和其他国家的外部威胁尽管存在，但更多的威胁来自于人类自身，国家安全概念的内涵在不断扩大[①]。

德国思想家乌尔里希·贝克认为，"随着两极世界的消退，我们正在从一个敌对的世界向一个危机和风险的世界迈进"，"占据中心舞台的是现代化的风险和后果，它们表现为对于植物、动物和人类生命的不可抗拒的威胁。不像 19 世纪和 20 世纪上半期与工厂相联系的或职业性的危险，它们不再局限于特定的地域或团体，而是呈现出一种全球化的趋势，这种全球化的趋势跨越了生产和再生产，跨越了国家界线。在这种意义上，危险成为超国界的存在，成为带有一种新型的社会和政治动力的非阶级化的全球性危险。"[②] 在贝克看来，人类社会面临的风险并非来自外部，而是来自于社会内部并且由现代自身所制造的，是一种"人为的不确定"。贝克的思想给人以很大的启发，特别是 20 世纪以来困扰人类社会的现代经济危机、

---

① 在传统意义上的安全，仅仅强调军事安全，随着国际政治的低级化发展，安全的内涵扩展到了经济安全、文化安全、社会安全、粮食安全、环境安全等更多的内涵。特别是关于非传统安全的研究如火如荼。

② 参阅乌尔里希·贝克著：《世界风险社会》，吴英姿等译，南京：南京大学出版社，2004 年，第 4 页；乌尔里希·贝克著：《风险社会》，何博闻译，南京：译林出版社，2004 年，第 7 页。

公共卫生危机、恐怖主义袭击、蔓延世界各地的安全事故等，早就给人类敲响了警钟。

如何在世界风险社会中提出新的化解和平赤字的和平方案，考验着各国的智慧和良知，采取措施填补和平赤字成为当今世界的当务之急。

第四节
中国方案

　　近代以来，在欧美发达国家主导下，世界走了一条片面的现代化道路。尽管在工业革命和新科技革命推动下，西方主导的全球化给世界带来巨大的发展动力，但驱动经济全球化浪潮背后的西方理念存在着巨大的问题，其弊端也随着全球化的发展而日益明显。无论是近代以来英国主导奉行丛林法则、殖民主义、胜者为王等原则的全球殖民贸易时代，还是二战后以来美国主导奉行零和游戏、利己主义、赢者通吃等原则的全球自由贸易时代，都共享着一套西方文明所固有的思维方式和价值观念，比如强调"文明与野蛮""二元对立"的形而上学思维方式，追求优胜劣汰、胜者全拿的"社会达尔文主义"哲学，以及把自己看作是"上帝的使者"和"文明的光亮"而把其他文明看作是"黑暗的远方"的傲慢与偏见。所有这些理念主导下建立起来的世界秩序是制造冲突和战争的根源之一，更是造成世界经济不平衡和全球贫富分化、医疗健康鸿沟、数据差距鸿沟等问题的深层根源。

　　在全世界都苦恼于种种难题的今天，作为一个有着五千年文明历史的大国，中国表现出强烈的愿望为应对世界挑战提供中国方案，贡献中国智慧，提供国际公共产品。尤其是 2012 年以来，中国逐渐从韬光养晦的低调路线中走出来，更多呈现出奋发有为的新风貌。中国国家主席习近平积极利用多种国际场合，向世界表达中国解决世界问题的方案，比如"一带一路"倡议、亚洲基础设施投资银行、亚洲安全观、人类命运共同体等，很多中国倡议的方案已经在落实之中。中国方案的提出无疑在西方方案引领实施的同时有了一个新的参考和新的选择。

正是针对西方现代化道路存在的问题，人类社会迫切需要对驱动全球化的理念进行创新。对此，以习近平同志为核心的中国共产党人，积极推动马克思主义中国化，将马克思主义的指导思想和五千年中华文明智慧相结合，创造性地提出了人类命运共同体思想。从理论内涵上来看，这一思想打破二元思维，确立包容思维；打破优胜劣汰、胜者全拿的霸道哲学，确立合作共赢、开放普惠的王道哲学；打破利己主义的傲慢与偏见，确立利他主义的共商、共建、共享。所有这一切都表明，中国倡导的人类命运共同体思想，是谋求实现持久和平、共同繁荣的"中国方案"，更是推动全球治理秩序向着公正合理方向发展的新全球化理念，必将开辟一个全球资源配置的新时代。总体来看，这一中国方案沿着三个方向超越既有的和平方案：

一是开创了基于共同利益基础上的全球发展道路。与西方主导的强调单一中心发展的全球化道路相比，人类命运共同体思想强调要顺应全球共同利益相互交融的趋势，在捍卫人类共同利益的基础上，推动人类走向共同发展、协调发展、均衡发展和普惠发展，是一种全面发展、全球发展的新道路。

二是致力于基于共同价值基础上的全球文明理论。人类命运共同体思想强调共同体本位，是对西方中心论的超越，其着眼点是基于人类共同价值的整个人类的现代化而不是某一部分人的现代化，是一种超越民族国家和意识形态的更具包容性的全球文明，它尊重多样化文明之间的交流对话，汇聚多样文明的共同价值，努力实现求同存异，聚同化异。

三是建立起基于共同责任基础上的全球治理架构。相比于片面强调西方发达强国的责任，将对全球的治理等同于欧美国家主导的治理的西方方案，人类命运共同体思想更强调超越时空束缚，以整体意识、全球思维和人类观念，强调共同发展、共同安全、交流互鉴，努力推动建立一种包括西方和非西方、国家和非国家共同承担责任的全球治理架构。这是一种基于共同责任基础上的真正的全球治理，有着极大的制度优越性。

总之，人类命运共同体思想纠正和超越近代以来的西方现代化道路、理论、制度，是一种道路创新、理论创新、制度创新和文化创新。这一系列创新的主旨在于弘扬和平、发展、合作、共赢的理念，超越不同国家、不同民族和不同宗教之间的隔阂、纷争和冲突，建设一个更加和平、更加包容、更加美好的世界。

第一章
世界和平的东方智慧

中国是一个具有五千年历史的文明古国，更是一个具有爱好和平传统的"礼仪之邦"。

从遥远的古典时代，中国统治者就十分重视和平友好，形成了一系列根深蒂固的和平外交哲学思想。作为中华文明主干的儒家思想、道家思想和佛家思想都十分重视人内心的和平境界，其和平思想又各有特色。中国传统文化中蕴藏了丰富的和平思想，表达了中华民族对和平的向往和追求，体现了独特的东方智慧。

第一节
天下一家

大道之行也，天下为公。中国人眼中的世界，是一个天下一家的世界，认为天下为天下人的天下，得民心者得天下，强调有德者居之，无德者失之。早在上古时期，尧舜等先王就信奉天下为公的精神，强调敬德保民。据《史记》记载，在三皇五帝的神话时代，中国与周边国家、部落之间就有着"宾于四门""诸侯远方宾客皆敬"的和平交往，专门设有"龙"这一职位，负责对外交往，强调以礼相待、以德服人。

此种礼定天下、以德服人的思想到西周时期成为主导和平思想。周公制礼作乐，礼定天下，形成了敬德保民的宗法秩序。在此种礼法秩序中，国家与国家之间的关系是以人与人之间的"礼"来界定的。礼的起源首先是敬神，是宗教的礼仪。周礼是由敬神而转化为敬人，把处理人与神之间的关系逐渐转化为处理人与人之间的关系，通过"礼治"，进而营造"和平环境"，因为和平的社会秩序是创造和平社会环境的最根本的基础。这是我们中华先祖的一种智慧，奠定了中国和平思想的浓厚民族底色。

春秋以降，礼崩乐坏，礼让精神和敬德保民思想受到严峻挑战，但始终没有动摇其根本。比如春秋时期的齐国政治思想家管仲就坚持以民为本，认为"人，不可不务也，此天下之极也。"[①]人心是不可不注意的，这是天下最重要的问题。为此，管仲反复强调"顺民心""从民欲"的意义，视人民为国家的根本，强调统治者必须充分调动人民的积极性，才能使国家富强起来。在百家争鸣的战国时代，各家各派虽观点各异，但立场基本上还是延续的敬民保民的传统，认为"民可近，不可下；民为邦本，本固邦宁"。[②]儒道墨法各家均强调以民为贵，重视民对国的基础意义，这一框架一直延续到秦汉以后。

具有强烈理想主义和士大夫情怀的儒家思想强调家国一体，追求"内圣外王"和"修齐治平"之道，其根本还是意在恢复周礼，以纲常礼教定鼎乾坤，崇尚"礼之用，和为贵"。从孔子开始，儒家思想的核心就是"克己复礼"，恪守"仁者爱人"的"仁爱"思想，秉持"修身、齐家、治国、平天下"的理想，主张天下礼治，国家之间的交往要礼尚往来，以礼相待，讲求"仁""礼"应该成为各国交往的基本法则。延续孔子"重礼"思想，孟子又提出了"重义""天民"思想，倡导"王道"，反对"霸道"。在孟子看来，"天时不如地利，地利不如人和"，"民为贵，社稷次之，君为轻"[③]，突出了民心所向，让和平思想有了坚不可摧的根基。在孟子基础上，荀子则进一步明确提出，"君者，舟也；庶人者，水也。水则载舟，水则覆舟"[④]，强调社会规范和外在约束，强调要建立等级制的规范。这些思想也为墨家所践行。墨家崇尚非攻，倡导兼爱互利，实现人与人之间"爱无差等"，即不分民族、血缘以及身份，普遍地平等地相爱互助，为别人就像为自己。墨子以"喻以义利"的方式，在各诸侯国之间开展了一场场和平实践，取得极大成就。

与儒家积极入世的态度不同，道家思想重天道，循人德，追求天地人合一。在老子看来，天下大乱是因为失去道德的缘故。要想救治天下大乱，唯有因循天道，无为而治，"人法地，地法天，天法道，道法自然"。[1] 具体到和平实践中，老子强调大国要居后、处下，"为无为，则无不治"，在对外交往中要秉持"不敢为天下先"，韬光养晦，处下不争。在老子看来，圣人"以其不争，故天下莫能与之争"。[2] 这些思想均强调和平外交要顺应天道，重视民间的无为不争。庄子与老子思想类似，更强调邻国交往要讲究诚信，和平相处，追求天下和平的太平盛世。

儒家学派创始人孔子。儒家思想以"仁爱"为核心，为中华民族培养爱好和平的民族精神提供了良性基础。

佛教源自古印度，东汉后传入中国，到隋唐达到顶峰，其思想成为中华文明的重要组成部分。与儒道两家不同，佛教讲究自内证觉悟，重视众生平等，强调自度与度人，追求涅槃寂静的极乐世界。其重视外净与内净统一，外和与内和一致，追求和平、慈悲和极乐的价值原则，也强调以济世度人为中心，以慈悲无我之善念实现大公无私之和平，通过

---

① 《道德经》第二十五章，王弼注，楼宇烈译：《老子道德经注》，北京：中华书局，2011年。

② 《道德经》第六十六章，王弼注，楼宇烈译：《老子道德经注》，北京：中华书局，2011年。

海南三亚南山寺举行水陆法会，祈愿世界和平、灾劫平息、社会和谐、国泰民安。

净化心灵，达到心念清净、世界和平。2014 年 3 月 27 日，中国国家主席习近平在联合国教科文组织总部的演讲中，对佛教的和平思想作了高度评价："佛教产生于古代印度，但传入中国后，经过长期演化，佛教同中国儒家文化和道家文化融合发展，最终形成了具有中国特色的佛教文化，给中国人的宗教信仰、哲学观念、文学艺术、礼仪习俗等留下了深刻影响。"①

总之，自秦汉以后，礼定天下、以德服人的思想在中华文化中渐成正统，确定了具有强烈伦理色彩的和平思想。在中国传统文化的家国一休结构中，民和国是休戚相连的，中国人处理各种纷争的智慧在于强调天下一家，把外部紧张化为内部伦理，一切政治关系均被赋予浓厚的宗法伦理色彩，"天下之本在国，国之本在家，家之本在身。"②

---

① 习近平：《在联合国教科文组织总部的演讲》，《人民日报》2014 年 3 月 28 日，第 3 版。
② 《孟子·离娄上》，《四书五经》（上册），长沙：岳麓书社，1991 年，第 96 页。

第二节
和为贵

    作为一种比较成熟的文明，中华文明很早就确立了"天下无外"和"和为贵"的智慧。在中国古代人眼里，整个天下是一统的，认为"普天之下，莫非王土，率土之滨，莫非王臣"，天下是"无外"的结构，认为"四海之内皆兄弟也"，华夏民族是文明的中心，四周是不发达未开化、野蛮的少数民族，彼此应以兄弟之礼相处。《尚书》中就确立了此种"协和万邦"的理想，"克明俊德，以亲九族；九族既睦，平章百姓；百姓昭明，协和万邦；黎民于变时雍。"[①]

    中国传统文化中的"协和万邦"是一种有容乃大的理想，对内追求克己，对外追求和谐。在中华文明体系中，尽管不同流派观点不一，但核心精神均强调"和"，"礼之用，和为贵，先王之道，斯为美，小大由之。"[②]在儒家看来，礼是一种强调以血缘宗法为纽带的伦理文化，重视心灵启迪和社会秩序，核心是仁义。孔子强调"仁者爱人"，推己

---

① 顾迁译注：《尚书·尧典》，北京：中华书局，2016 年
② 杨伯峻译注：《论语译注》，北京：中华书局，1980 年。

及人。孟子强调，"天时不如地利，地利不如人和"，在处理一切事务上，人和是最应当看重的。因此，儒家重视国家与国家之间和睦相处，友好往来，即所谓"礼尚往来，往而不来，非礼也；来而不往，亦非礼也。"①相比儒家的尊崇世俗之礼，道家则重天道人心，推崇心智开发和自然秩序，核心是"无"，讲求顺应天道，不必强求逆天行事，追求天人合一之"仙人"境界，归根到底也是一种和平状态。比道家更为彻底的是，佛家主张跳出一切尘世俗念，要么修行自我完善，要么修行自利利他，尊崇智慧觉悟和终极价值，核心是"空"，看破红尘，淡化国家恩怨和民族纷争，是最为彻底的和平状态。中华文化的大道所系，皆蕴含有和合的精神，追求一种厚德载物、有容乃大的博大胸怀，构成了中华文明的和平底色。

协和万邦的核心精神是"和"，而"和"的根本在于"中庸之道"，讲究持中贵和。中庸强调中正平和，不偏不倚，认为过犹不及，追求"致中和，天地位焉，万物育焉"的"太平和合"境界，是一种在矛盾中维系和谐，寻求天人合一的理想。但是，中庸也反对无原则的调和，更反对同流合污，认为"君子和而不同"，"小人同而不和"。中庸更强调人与人之间的道德关系，正所谓"道不同，不相为谋"，"敬其众，合其亲，敬其众则和，合其亲则喜。"②因此，在中国传统文化看来，与远人交往，不能放弃道德原则，不能舍弃中华文明之主体。即便在近代中国遭受西方文化强势打击下，中国士大夫也固守"中体西用"的主张，不愿意放弃中华文明的正统地位。以康有为、孙中山为代表的一批思想家，在继承中国传统和平思想和吸收西方部分和平学说的基础上，坚持以儒家文

---

① 《礼记·曲记上》，《四书五经》（上册），长沙：岳麓书社，1991年，第429页。
② 陈曦译注：《六韬》，北京：中华书局，2016年。

2008年北京奥运会开幕式上，一个巨大的"和"字出现在活字印刷版中间，表达了中国人对"和"的崇尚与追求。

化为主的和平思想，将文化天下的和平思想进一步推向前进。如康有为提出了人类社会进化的"三世说"：从据乱世到升平世，再到太平世，最终达到太平大同的美好世界。在这一过程中，中和是"大道之本"，通过提升人们的仁爱精神，逐渐融合社会各种矛盾，最终进入美妙极乐的大同世界。

中华文化中的"协和万邦"与"和合"思想是中国推动构建新型国际关系、构建人类命运共同体的文化母体，也是中国和平思想的精神支柱。"和合"精神强调相互尊重，相互理解，彼此圆融，不以任何一方为重，其所追求的境界是"各美其美，美人之美，美美与共，天下大同"。特别是其中包含的"和而不同"思想，以承认事物发展的差异性和多样性为前提，通过积极的对话、协商和沟通的方式，努力积聚共识，增进理解，化解矛盾。

　　总之，中华文明中的"和合"思想，蕴涵着天人合一的宇宙观、协和万邦的国际观、和而不同的社会观、人心和善的道德观，它回答了中国在与其他国家开展交往的时候所恪守的基本价值原则，为和平思想印上了鲜明的中国风格。在五千多年的文明发展中，中华民族一直追求和传承着和平、和睦、和谐的坚定理念，恪守以和为贵，与人为善，己所不欲、勿施于人等理念，这已经成为中国开展对外交往的一些基本规则和重要思想宝库。

第三节
文化天下

在开展对外交往过程中，必然会面对形形色色的差异和矛盾，如何协调和处理不同国家民众交往出现的矛盾，体现着一国和平智慧。在这一问题上，中国传统文化自一开始就确立了尚德不尚武的传统，倾向于用道德教化、文化礼法等解决问题，"远人不服，修文德以来之"，达到"礼定天下""文化天下"的理想秩序。特别是在处理与远人的交往上，中国历来强调"适度而治"，实行羁縻、怀柔、尊王攘夷等政策，以文会友、文化天下成为化解冲突、实现和平的一个主要途径。

中国历来被称为"礼仪之邦"，在处理各种社会关系时，热爱和平，崇奉道德，不尚武力，即便在遇到严峻的武力挑战时，也讲究"先礼后兵"的规则。"圣人之治天下，先文德而后武力。凡武之兴，为不服也。文化不改，然后加诛。"[①]千百年来，中国人认识自身与世界总是重视血缘伦理和文化水平，无论是上古的华夷秩序，还是近代的朝贡体系，文化都是一条基础的线索。历史上中国的边疆界限之所以不清晰，主要

[①] 刘向撰，向宗鲁校正：《说苑校证》，北京：中华书局，1987年。

是因为以文化定天下，而非以武力和边界定天下。

在文化天下理念指导下，中国在处理与四周邦国关系时，崇尚王道与仁政，讲求以文德教化天下，融通四海。在中国历代统治者看来，王道和仁政是礼定天下的大道，在处理对外交往时，更强调找到一个道义和伦理的根据，这对中国的和平思想产生了深刻的影响。与此同时，中国传统文化对国际交流持一种包容开放的态度，大力推动中外的沟通联系。在处理内外关系时，强调"推己及人"，真正将爱自己和爱他人结合起来。张骞出使西域带来"丝绸之路"勃兴，玄奘西游和鉴真东渡折射出佛教与儒道圆融形成的三教合一，郑和下西洋反映出海上丝绸之路的繁华，以及从武夷山到恰克图的万里茶路和中国西南川藏地带的茶马古道，这一切均表明中国自古以来就不是一个封闭保守的国家，即便有

被誉为"中国第一舞剧"的《丝路花雨》讲述了古丝绸之路上善良淳朴的中国父女与波斯商人之间的真挚友谊故事，展现了古丝绸之路不仅是一条贸易之路，更是一条和平与友谊之路。

过形形色色的"海禁""路禁""河禁"等限制,中外人文交流始终没有停止过,这也是中华文化吐故纳新、生机盎然的奥秘所在。

作为人类文明的一部分,中华文化在历史上曾与其他文明体系有过三次重要交汇。在汉唐时期,中华文化与佛教文化交汇,成功地吸纳了佛教文化,使之成为中华文化的重要组成部分。宋元之后,中华文化与伊斯兰文明交汇,产生了影响至今的回教文化,并成为中华文化的一个重要分支。明清之后,随着西方世界的兴起,中华文化与西方基督教文化交汇,催生了一波波的西学东渐浪潮,中国汲取了西方基督教文明中的大量成分,汇入了中华文化的主流。中外人文交流不仅延续了中华文化的薪火,也缔造了大中华文化圈的版图。近代以来,孙中山的和平统一思想、天下大同思想、博爱主义思想、和平互助思想以及王道外交思想,都强调对文化天下的弘扬和发展。几千年来,中国文化宝库中的和平思想始终重视以文化来解决问题,反对恃强凌弱。

回首历史,越过中华传统文化走过的千年时空,不难发现中华传统文化中蕴藏着丰富的和平思想宝藏。特别是天下一家、和为贵与文化天下等思想,深深地融入每一个中国人的文化灵魂和精神血脉。尽管这些思想具有一定的时代限制,受到封建专制思想的束缚,但完全可以古为今用,推陈出新,与当代中国和平思想实践相结合,提出更多世界和平的中国方案,为建设一个更加美好的世界服务。

第二章
中国共产党的和平探索

　　不忘初心，方得始终。中国共产党是为中国人民谋幸福的政党，也是为人类进步事业而奋斗的政党。毛泽东曾说，"所谓天下大事，就是解放、独立、民主、和平友好、人类进步"，[①]并将"环球同此凉热"的"太平世界"作为中国共产党人为之奋斗的理想目标。新中国成立后，中国共产党对争取和维护世界和平进行了不懈探索，提出了和平共处五项原则、和平发展道路、互利共赢的开放战略、和而不同、和谐世界、新型国际关系、人类命运共同体等众多中国方案，积累了丰富的外交经验，产生了广泛的世界影响。

---

① 中华人民共和国外交部、中共中央文献研究室编：《毛泽东外交文选》，北京：中央文献出版社、世界知识出版社，1994年，第224页。

第一节
以革命护和平：统一战线与和平共处

实现全人类的解放，是中国共产党的远大理想。其中，和平是人类解放总目标中的目标之一。新中国成立后，为了巩固新生的共和国政权，争取更多的国家和人民的支持，反对帝国主义的侵略政策和战争政策，以毛泽东为首的中国领导人把"团结世界人民"作为新中国和平外交政策六大外交方针之一，强调要团结和争取资本主义和帝国主义国家的人民，巩固和发展国际的和平力量。

作为一个以马克思列宁主义武装起来的政党，中国共产党历来强调人民解放的历史使命，强调重视人民群众的历史作用，建立统一战线，认为要夺取中国革命和建设的胜利，就必须"唤起民众"，既包括唤起广大的中国民众，也包括世界上一切同情和支持中国革命和建设的国际友人。在面临以美国为首的西方资本主义国家孤立和封锁的严峻环境下，中国共产党积极"争取人民，了解人民，寄希望于人民"，即便是对顽固执行反华政策的国家，也把政府和人民区别开来，积极争取广大人民，建立国际统一战线。毛泽东说，"为了和平和建设的利益，我们愿意和世界上一切国家，包括美国在内，建立友好关系。我们相信，这一点，总有一天会要做到的"①。"一边倒"、和平共处五项原则、"三个世界"和"一条线、一大片"都是致力于构建维护世界和平的国际统一战线。

直到 20 世纪 70 年代，毛泽东还沿用此种国际统战思维，反对霸权主义，维护世界和平。如著名的"三个世界"战略思想，"我看美国、苏联是第一世界。中间派，日本、欧洲、澳大利亚、加拿大，是第二世界。咱们是第三世界"②。因此，当时中国所从事的一切和平交流活动，从根本上都是国际阶级斗争和世界革命的一种特殊的实现形式，是通过促进各国人民之间的交流，共同反对帝国主义的侵略政策和战争政策，是和军事战线一样的"文化战线"，其根本落脚点是争取各国人民和被压迫民族的理解、同情和支持。

在处理国际关系问题上，中国外交在坚持国际统一战线的同时，也确立了和平共处五项原则。1953 年 12 月，周恩来在会见印度代表团时第一次提出和平共处五项原则，即"互相尊重主权和领土完整，互不侵犯，互不干涉内政，平等互利，和平共处"。1955 年 4 月 18 日至 24 日，在印度尼西亚万隆举行的有 29 个国家和地区参加的亚非会议（又称万隆会议）上，周恩来发表了著名的《关于促进世界和平与合作的宣言》，宣言提出的十项国际关系原则包括了这五项原则的全部内容。1957 年毛泽东在莫斯科向全世界庄严宣告，中国坚决主张一切国家实行和平共处五项原则。1963 年底至 1964 年初，周恩来出访亚洲、非洲和欧洲的 14个国家，提出了我国经济援助的八项原则，把五项原则扩展到经济领域。毛泽东明确提出，中国外交的一个根本政策方针是，"联合世界上以平等待我的民族和各国人民"，并提出"国家不论大小，一律平等"，应

① 中华人民共和国外交部、中共中央文献研究室编：《毛泽东外交文选》，北京：中央文献出版社、世界知识出版社，1994 年，第 246 页。
② 同上，第 600 页。

1955 年 4 月，周恩来总理出席在印尼万隆召开的亚非会议，重申和平共处五项原则。

该把"和平共处五项原则推广到所有国家关系中去"。中国领导人的这些思想，都是对世界和平思想的重要贡献。

迄今为止，和平共处五项原则已逐步为世界大多数国家所接受，为国际社会广泛认同和遵循，成为指导国与国关系的基本准则，为促进世界和平与人类进步事业发挥了重要作用。在国际政治经济形势经历深刻调整的新形势下，和平共处五项原则依然具有强大生命力，必将为推动建立平等互信、包容互鉴、合作共赢的新型国际关系作出新贡献。

第二节
以发展促和平：和平发展与和谐世界

20 世纪 70 年代之后，美苏争霸降温，国际形势趋向缓和。邓小平全面深入地分析了世界上的各种矛盾及其相互关系，鲜明地提出了"和平与发展是当今世界两大战略问题"的科学判断。1987 年党的十三大把这个思想概括为"和平与发展是当代世界的主题"。1988 年，邓小平在会见印度总理拉吉夫·甘地等第三世界国家领导人时进一步指出："当前世界上主要有两个问题，一个是和平问题，一个是发展问题。和平是有希望的，发展问题还没有得到解决。""应当把发展问题提到全人类的高度来认识，要从这个高度去观察问题和解决问题。只有这样，才能明了发展问题既是发展中国家自己的责任，也是发达国家的责任。"[1]20 世纪 80 年代末 90 年代初，两极格局瓦解，冷战宣告终结，国际关系发生重大变化，但霸权主义、强权政治和不公正不合理的国际经济秩序依然存在。1990 年 3 月，邓小平说："和平与发展两大问题，和平问题没有

---

[1] 邓小平：《以和平共处五项原则为准则建立国际新秩序》，《邓小平文选》（第 3 卷），北京：人民出版社，1994 年，第 281—282 页。

得到解决，发展问题更加严重。"①1992 年春，他在著名的南巡讲话中又特别谈到："世界和平与发展这两大问题，至今一个也没有解决。"②1992 年党的十四大又把和平与发展问题提高到"时代主题"的高度来认识。1997 年党的十五大把邓小平这一重要思想称之为"当今时代的主题"和"时代特征"。

这一和平发展时代主题的判断，决定了中国坚持走和平发展道路。这是一条与世界发展互动互惠、合作共赢的发展道路，是一条既通过争取和平的国际环境来发展自己，又以自身的发展来促进世界和平的道路，是一条科学发展、和平发展、开放发展、合作发展、和谐发展相统一的道路。中国和平发展的主要内涵包括：中国的和平发展就是要充分利用世界和平的大好时机，努力发展和壮大自己，同时又以自己的发展，维护世界和平；中国和平发展的基点主要放在依靠自己的力量上，独立自主、自力更生，依靠广阔的国内市场、充足的劳动力资源和雄厚的资金积累，以及改革带来的机制创新，但同时中国的和平发展又离不开世界，中国必须坚持对外开放的政策，在平等互利的基础上，同世界一切友好国家发展经贸关系；中国的和平发展不会妨碍任何人，也不会威胁任何人，中国现在不称霸，将来即使强大了也永远不会称霸，永远不搞扩张③。

当今的世界是一个开放的世界，中国的发展离不开世界。坚持走和平发展道路的同时，中国共产党还提出了互利共赢的开放战略。邓小平十分强调大力实施对外开放政策，"实现四个现代化必须有一个正确的

---

① 邓小平：《国际形势和经济问题》，《邓小平文选》（第 3 卷），北京：人民出版社，1994 年，第 353 页。

② 邓小平：《在武昌、深圳、珠海、上海等地的谈话要点》，《邓小平文选》（第 3 卷），北京：人民出版社，1994 年，第 383 页。

③ 邓小平：《邓小平文选》（第 2 卷），北京：人民出版社，1994 年，第 416 页。

开放的对外政策。我们实现四个现代化主要依靠自己的努力，自己的资源，自己的基础，但是，离开了国际的合作是不可能的。应该充分利用世界的先进的成果，包括利用世界上可能提供的资金，来加速四个现代化的建设。"① 在邓小平看来，对外开放是全方位的开放，要大力促进中外经济、科技、文化交流。"我们要向资本主义发达国家学习先进的科学、技术、经营管理方法以及其他一切对我们有益的知识和文化，闭关自守、固步自封是愚蠢的。"② 开放的世界才是和平的世界。

世界发展是多样的，开放必然意味着多样性的竞争。如何处理多样性引发的矛盾和摩擦，成为和平思想面临的重要课题。冷战结束后，面对复杂多变的国际形势，江泽民提出了"和而不同"思想，认为"世界各种文明、社会制度和发展模式应相互交流和相互借鉴，在竞争比较中取长补短，在求同存异中共同发展。"③ 在对待不同国家的差异和特点问题上，江泽民认为"每个国家和民族都有自己的特点和长处，大家只有彼此尊重、求同存异、和睦相处、互相促进，才能创造百花争妍、万紫千红的世界。"④ "在相互尊重和平等相待的基础上加深了解"，"应充分尊重不同民族、不同宗教和不同文明的多样性和差异性，相互之间应提倡宽容而不歧视，交流而不排斥，对话而不对抗，共处而不冲突"。⑤ 相互宽容和平等对话成为中国对世界和平思想的又一贡献。

---

① 1979 年 11 月 26 日邓小平会见美国不列颠百科全书出版公司编委会副主席吉布尼和加拿大人麦吉尔大学东亚研究所主任林达光等谈话。

② 邓小平：《党在组织战线和思想战线上的迫切任务》，《邓小平文选》（第 3 卷），北京：人民出版社，1993 年，第 44 页。

③ 江泽民：《和而不同是人类各种文明协调发展的真谛》，《江泽民文选》（第 3 卷），北京：人民出版社，2006 年，第 522—523 页。

④ 江泽民：《让我们共同缔造一个更美好的世界》，《江泽民文选》（第 1 卷），北京：人民出版社，2006 年，第 480 页。

⑤ 中央文献研究室编：《江泽民思想年谱》，北京：中央文献出版社，2010 年，第 424、461、613 页。

改革开放以来的 40 年，是中国坚持和平发展、融入世界，综合国力显著增强的 40 年。图为广东省深圳市，由改革开放前的边陲小镇发展为今天的现代化大都市。

　　进入 21 世纪以后，胡锦涛在继承"和平与发展是当今时代主题"的基础上，提出建设持久和平、共同繁荣的和谐世界。2005 年 9 月 15 日，胡锦涛在联合国成立 60 周年首脑会议上发表了题为《努力建设持久和平、共同繁荣的和谐世界》的讲话，鲜明地提出，只有世界所有国家紧密团结起来，共同把握机遇、应对挑战，才能为人类社会发展创造光明的未来，才能真正建设一个持久和平、共同繁荣的和谐世界。[1]这是中国第一次在代表世界最高权威的讲坛上、以国家最高领导人的名义，向全世界推广和谐社会的理念，向全世界宣告中国政府和人民的理想追求和世界目标：建设持久和平、共同繁荣的和谐世界。这一思想在 2007 年写入党的十七大报告。

　　维护世界和平，促进共同发展，这不仅是中国外交的宗旨，也是中国对世界和平事业的重要贡献。

---

[1]　胡锦涛：《努力建设持久和平、共同繁荣的和谐世界——在联合国成立 60 周年首脑会议上的讲话》，《人民日报》2005 年 9 月 16 日，第 1 版。

第三节
以共赢建和平：新型国际关系与人类命运共同体

当今世界正处于大发展大变革大调整时期，如何准确把握时代潮流、探索和平建设的新道路，成为攸关全局的重大课题。面对复杂多变的国际局势，习近平主席认为，"认识世界发展大势，跟上时代潮流，是一个极为重要并且常做常新的课题。""要充分估计国际矛盾和斗争的尖锐性，更要看到和平与发展的时代主题不会改变。"① 中共十八大以来，以习近平同志为核心的新一届中央领导集体胸怀全局，观大势、谋大事，顺势而为，积极进取，提出了构建新型国际关系、构建人类命运共同体的思想，进一步发展了中国和平思想的和平方案。

丰富和发展和平发展思想。坚持走和平发展道路，是中国坚定不移的方向。习近平总书记在中央政治局第三次集体学习时强调，中国要坚定不移地走和平发展道路，不断夯实走和平发展道路的物质基础和社会基础。② 同时，习近平主席发展了和平发展思想，认为坚持走和平发展

---

① 《习近平出席中央外事工作会议并发表重要讲话》，新华网 2014 年 11 月 29 日，http://www.xinhuanet.com//politics/2014-11/29/c_1113457723.htm。

② 《习近平：更好统筹国内国际两个大局 夯实走和平发展道路的基础》，人民网 2013 年 1 月 30 日，http://theory.people.com.cn/n/2013/0130/c40531-20370765.html。

道路，不仅意味着中国要坚定不移地走和平发展道路，其他国家也都要走和平发展道路，只有各国都走和平发展道路，各国才能共同发展，国与国才能和平相处。中国不仅坚定不移做和平发展的实践者，更要做和平发展的捍卫者、共同发展的推动者、多边贸易体制的维护者、全球经济治理的参与者。

促进人类进步思想。2012年7月，在清华大学举行的"世界和平论坛"上，习近平强调指出，一个国家要谋求自身发展，必须也让别人发展；要谋求自身安全，必须也让别人安全；要谋求自己过得好，必须也让别人过得好。①2014年5月15日，习近平主席在出席中国国际友好大会暨中国人民对外友好协会成立60周年纪念活动时指出："人民友好是促进世界和平与发展的基础力量，是实现合作共赢的基本前提，相互信任、平等相待是开展合作、实现互利互惠的先决条件。""维护世界和平也好，促进各国共同发展也好，关键是要让各国人民充分认识和平与发展对人类的意义。"对内促进民族复兴，对外坚持和平发展，通过加强中国人民与各国人民友好往来，扩大世界各国利益交汇点，为促进人类和平与发展的事业作出积极贡献，是习近平和平思想的核心主线。

推动构建新型国际关系。2013年3月23日，习近平同志在当选国家主席后首次出访俄罗斯，在莫斯科国际关系学院发表演讲时提出，"这个世界，各国相互联系、相互依存的程度空前加深，人类生活在同一个地球村里，生活在历史和现实交汇的同一个时空里，越来越成为你中有我、我中有你的命运共同体"②，强调要推动建立以合作共赢为核心的新型国际关系。这是中国领导人首次在国际舞台上倡议推动构建新型国

① 习近平：《携手合作共同维护世界和平与安全——在世界和平论坛开幕式上的致辞》，《光明日报》2012年7月8日，第4版。
② 习近平：《顺应时代前进潮流促进世界和平发展》，《人民日报》2013年3月24日，第2版。

2014 年 5 月 15 日，中国国家主席习近平出席中国国际友好大会暨中国人民对外友好协会成立 60 周年纪念活动并发表重要讲话。

际关系。党的十九大报告强调，中国将高举和平、发展、合作、共赢的旗帜，恪守维护世界和平、促进共同发展的外交政策宗旨，坚定不移在和平共处五项原则基础上发展同各国的友好合作，推动建设相互尊重、公平正义、合作共赢的新型国际关系。①新型国际关系的核心在于合作共赢，通过实现合作共赢为和平奠定坚实的基础。

推动构建人类命运共同体。党的十八大以来，在以习近平同志为核心的党中央领导下，中国共产党面对国际形势的风云变幻，站在人类历史发展的战略高度，提出了国际社会日益成为一个"你中有我、我中有你"的"人类命运共同体"的重大战略判断。2015 年 9 月 28 日，习近平主席

---

① 习近平：《决胜全面建成小康社会 夺取新时代中国特色社会主义伟大胜利——在中国共产党第十九次全国代表大会上的报告》，新华网 2017 年 10 月 27 日，http://www.xinhuanet.com/politics/19cpcnc/2017-10/27/c_1121867529.htm。

在纽约联合国总部出席第七十届联合国大会一般性辩论并发表题为《携手构建合作共赢新伙伴 同心打造人类命运共同体》的重要讲话,强调"当今世界,各国相互依存、休戚与共。我们要继承和弘扬《联合国宪章》的宗旨和原则,构建以合作共赢为核心的新型国际关系,打造人类命运共同体。"

在和平发展和合作共赢的思想指导下,习近平主席提出了一系列和平思想,对治理当今世界的"和平赤字"提出了新的"药方"。面对蓬勃发展的全球化进程和困扰整个人类的共同挑战,创新和平理念,完善和平架构,不断为世界和平发展的崇高事业作出更大的贡献,这不仅是中国对世界的承诺,也是中国对人类的贡献。

第三章
新型国际关系

　　构建一个什么样的国际关系，是中国外交的核心问题之一。随着中国的日益崛起，中国与世界的关系发生了重大变化。2010年，中国超过日本成为世界第二大经济体，中国也日益走近世界舞台的中心地带，一言一行、一举一动都受到国际社会高度关注。围绕构建一个什么样的国际关系问题，习近平主席提出了构建以合作共赢为核心的新型国际关系的倡议，受到国内外的广泛关注。

第一节
提出背景

新型国际关系的提出，有着特定的时代背景。近年来，随着中国国力迅速崛起及其国际化程度不断加深，中国日益成为一个具有全球影响力的新兴大国。受此影响，中国与其他大国的关系出现了一些新变化。一方面，在全球化推动下，中国与各大国之间的利益共同点在迅速增加，相互依存程度加深，无论是地区和多边问题，还是双边议题，越来越呈现为你中有我、我中有你的复合体状态，大国关系的模式和理念正在酝酿新的重大变化。另一方面，中国与各大国之间的矛盾竞争也在迅速增加，领土主权、战略博弈、经贸争端、人权争论等传统争论依然存在，网络争端、知识产权、海洋权益、极地开发、太空合作等新兴议题也纷纷涌入，都成为中国与各大国关系关注的焦点。[①]总体来看，大国关系的战略性在大大增强，

---

① 尤其是 2008 年以来，随着中美力量对比的变化，各种关于中美关系定位的讨论如火如荼，十分热烈。比如：Robert G. Sutter: U.S.-China Relations: Perilous Past, Pragmatic Present, Lanham, Maryland: Rowman & Littlefield, 2013；Robert G. Sutter: U.S.-China Relations: Perilous Past, Uncertain Present, Lanham, Maryland: Rowman & Littlefield, 2018；Li Mingjiang, Kalyan M. Kemburi: New Dynamics in US-China Relations: Contending for the Asia Pacific, London: Routledge/Taylor & Francis Group, 2015；James Steinberg, Michael E. O'Hanlon: Strategic Reassurance and Resolve: U.S-China Relations in the Twenty-First Century, Princeton, New Jersey: Princeton University Press, 2014；Zha Daojiong: China-US Relations under Trump: More Continuity than Change, Asian Perspective, 2017, 41(4), p.701-715；金灿荣、赵远良：《构建中美新型大国关系的条件探索》，《世界经济与政治》2014 年第 3 期，第 50—68 页；袁征：《中美关系：在合作与竞争中前行》，《国际安全研究》2013 年第 1 期，第 67—78 页。

中国与各大国关系的战略联动性、全局敏感性、国际震荡性都引发高度关注，从 20 世纪 90 年代后期起，形形色色的伙伴关系成为中国与大国关系讨论的焦点。[①]

的确，21 世纪初国际政治最大的变化就是中国的崛起。经过 40 年的持续发展，中国已经从一个国际社会中的边缘角色发展成为全球经济、政治和安全领域中的显赫角色。[②] 如何应对中国崛起，与此同时大力推动全球和地区战略调整，以防患于未然，成为世界各国尤其是美国及其盟友高度关心的战略议题。在大国关系共同利益面和竞争利益面交织发展的背景下，如何避免历史上大国关系陷入冲突、战争恶性循环的老路，走出一条新型国际关系之路，越来越成为新时代中国外交面对的核心问题。

面对中国崛起及其与大国关系的变化，主流的看法根据历史经验预测大国地缘战略冲突将不可避免，尤其是围绕作为新兴大国的中国与守成大国美国之间的关系，"修昔底德陷阱论""金德尔伯格陷阱论""战略互疑论"等争论引发了世界范围的关注。[③] 究竟如何应对中国的崛起，

---

① 关于伙伴关系的讨论，请参阅刘江永：《国际关系伙伴化及其面临的挑战》，《现代国际关系》1999 年第 4 期；王洪刚：《中美"合作伙伴关系"新定位评析》，《现代国际关系》2011 年第 2 期，第 12—17 页；门洪华、刘笑阳：《中国伙伴关系战略评估与展望》，《世界经济与政治》2015 年第 2 期；孙学峰、丁鲁：《伙伴国类型与中国伙伴关系升级》，《世界经济与政治》2017 年第 2 期；Jonathan Holslag: Unequal Partnerships and Open Doors: Probing China's Economic Ambitions in Asia, Third World Quarterly, 2015, 36(11)；Dai Weilai: China's Strategic Partnership Diplomacy. Contemporary International Relations, 2016, (1)；Lei Yu: China-Australia Strategic Partnership in Context of China's Grand Periphera Diplomacy, Cambridge Review of International Affairs, 2016.

② 参见 Mark Beeson, Fujian Li: Charmed or Alarmed? Reading China's Regional Relations, Journal of Contemporary China, 2012, 21(73), p.35-52; James Reilly: A Norm-taker Or A Norm-maker? China's ODA in Southeast Asia, Journal of Contemporary China, 2012, 21(73), p.71-92.

③ 相关文献参阅：John J. Mearsheimer: The Gathering Storm: China's Challenge to US Power in Asia, The Chinese Journal of International Politics, 2010, 3(4); Shannon Tiezzi: Has the Thecudidean Trap Already Sprung on China and the US. The Diplomat, July 10th, 2014；Joseph S. Nye Jr: The Kindleberger Trap, Project Syndicate, January, 2017；金灿荣：《中美关系与"修昔底德陷阱"》，《湖北大学学报》2015 年第 3 期；江忆恩、罗伯特·罗斯主编，《与中国接触——应对一个崛起的大国》，北京：新华出版社，2001 年。

如何建立一种 21 世纪的中美关系，乔治·华盛顿大学艾略特国际关系学院在沈大伟教授（David Shambaugh）主持下举行了一系列探讨，出版了《纠缠的大国：中美关系的未来》一书，从历史背景、理论背景、国内背景、双边背景、地区背景和全球背景探讨了中美关系的现状和未来，对中美关系"合作性竞争"与"竞争性共存"的特征进行了深入的分析，对管理中美关系表达了谨慎的悲观态度。[①] 约翰霍普金斯大学保罗·尼采国际关系高级研究院美国中国研究系主任戴维·兰普顿（David Lampton）在 2015 年更是表达了对中美关系未来的悲观态度，认为中美

2016 年 3 月 19 日，在"中国发展高层论坛 2016"经济峰会上，93 岁的美国前国务卿、中美建交的开拓者基辛格表示，中美之间不存在"修昔底德陷阱"，两国关系的前景是合作伙伴，而非对手。

[①]　沈大伟主编：《纠缠的大国：中美关系的未来》，丁超、黄富慧、红漫译，北京：新华出版社，2015 年。

关系已经进入"临界点"（Tipping Point）。[1]哈佛大学贝尔弗科学与国际事务中心主任格雷厄姆·艾利森教授（Graham Allison）认为大国可以逃避这个陷阱，但需要美国与中国从历史中吸取经验，发挥巧妙的领导才能。[2]总体上，迄今为止，美国国内战略界主流的意见倾向于认为，中美关系的前景是悲观的，中美关系难以走出历史上的大国冲突老路。

面对大国关系这一时代课题，中国的答案则与众不同。中共十八大以来，中国领导人积极探索大国关系新途径。2012 年，党的十八大报告明确指出："我们将改善和发展同发达国家关系，拓宽合作领域，妥善处理分歧，推动建立长期稳定健康发展的新型大国关系。"[3]构建新型大国关系成为中国外交的一个重点方向。 2013 年 3 月 23 日，习近平主席在莫斯科国际关系学院发表演讲时，强调要推动建立以合作共赢为核心的新型国际关系。这是中国领导人首次在国际舞台上倡议推动构建新型国际关系。此后，"新型国际关系"在习近平主席的公开讲话与文章中出现次数超过 50 次。2014 年 6 月，习近平主席在和平共处五项原则发表60 周年纪念大会上发表主旨讲话时指出，和平共处五项原则精辟体现了新型国际关系的本质特征，是一个相互联系、相辅相成、不可分割的统一体，适用于各种社会制度、发展水平、体量规模国家之间的关系。[4]2014年 11 月，在中央外事工作会议上，习近平总书记将推动建立以合作共赢

[1] David M. Lampton: A Tipping Poing in U.S.-China Relations is Upon Us. Speech at the Conference "China's Reform: Opportunities and Challenges", The Charter Center and the Shanghai Academy of Social Sciences, May 6th 2015.

[2] Graham Allison: Destined for War: Can America and China Escape Thucydides Trap? Boston: Houghton Mifflin Harcourt, 2017.

[3] 胡锦涛：《坚定不移沿着中国特色社会主义道路前进，为全面建成小康社会而奋斗——在中国共产党第十八次全国代表大会上的报告（2012 年 11 月 8 日）》，人民网 2012 年 11 月 9 日，http://cpc.people.com.cn/18/n/2012/1109/c350821-19529916-11.html。

[4] 《习近平在和平共处五项原则发表 60 周年纪念大会上的讲话》，新华网 2014 年 6 月 28 日，http://politics.people.com.cn/n/2014/0628/c1024-25213331.html。

为核心的新型国际关系作为中国外交的顶层设计。他明确指出："我们要坚持合作共赢，推动建立以合作共赢为核心的新型国际关系，坚持互利共赢的开放战略，把合作共赢理念体现到政治、经济、安全、文化等对外合作的方方面面。"[①]

那么，新型国际关系究竟"新"在哪里？2015年3月，时任外交部长王毅在中国发展高层论坛年会上答道："以合作取代对抗，以共赢取代独占，不再搞零和博弈和赢者通吃那一套。"[②]

2015年9月28日，习近平主席在纽约联合国总部出席第70届联合国大会一般性辩论并发表重要讲话。习近平主席强调："和平、发展、公平、正义、民主、自由，是全人类的共同价值，也是联合国的崇高目标。当今世界，各国相互依存、休戚与共，我们要继承和弘扬《联合国宪章》宗旨和原则，构建以合作共赢为核心的新型国际关系，打造人类命运共同体。"[③]这是中国领导人首次在联合国大会上将构建新型国际关系与构建人类命运共同体对国际社会进行宣讲，标志着构建新型国际关系成为中国外交的一个基本政策主张。

2017年10月23日，习近平主席在中共十九大报告中明确指出，中国特色大国外交要推动构建新型国际关系，推动构建人类命运共同体，并将其作为新时代中国特色社会主义思想"八个明确"之一。构建新型国际关系和构建人类命运共同体的"双构建"已经成为新时代中国外交

---

① 《习近平出席中央外事工作会议并发表重要讲话》，新华网2014年11月29日，http://www.xinhuanet.com/politics/2014-11/29/c_1113457723.htm。

② 《王毅出席中国发展高层论坛年会并发表演讲》，人民网2017年3月20日，http://world.people.com.cn/n1/2017/0320/c1002-29157060.html。

③ 《习近平出席第70届联合国大会一般性辩论并发表重要讲话》，新华网2015年9月29日，http://www.xinhuanet.com/world/2015-09/29/c_1116703634.htm。

2014 年 6 月，和平共处五项原则发表 60 周年纪念大会在北京举行。

的目标，是一个管总的方针， 而构建总体稳定、均衡发展的大国关系架构，是针对大国关系的具体方案。构建新型国际关系不仅有着明确的指导方针，也有具体的行动方案，成为习近平新时代中国特色社会主义思想的有机组成部分，标志着中国外交思想实现了从新型国家关系向新型国际关系的转变，必将对中国外交产生深远影响。

第二节
思想内涵

在对新型国际关系进行理论解释之前，需要首先准确界定其思想内涵。新型国际关系是一份具有中国智慧的"中国方案"。构建新型国际关系，是中国外交实践的经验结晶。

从 20 世纪 80 年代开始，中国的外交就从区分敌我友国际统一战线思维转变为独立自主的不结盟外交，从以意识形态划线转变为全方位外交。尤其是在大国关系上，改变了过去那种"结盟的""对抗的""敌视的"等亲疏有别的国际关系做法，致力于构建各种形式的"伙伴关系"，努力扩大共同利益的汇合点。比如 1996 年中国与俄罗斯建立了"平等信任，面向 21 世纪的战略协作伙伴关系"，1997 年与法国建立"全面伙伴关系"，1998 年与欧盟确立"面向 21 世纪的长期稳定的建设性伙伴关系"，与日本建立"面向 21 世纪，致力于和平与发展的友好合作伙伴关系"，与南非建立"面向 21 世纪的建设性伙伴关系"，与韩国建立"面向 21 世纪的合作伙伴关系"。所有这些伙伴关系与过去的结盟关系存在很大区别，从根本上是一种新型国家关系，其主要特征是不结盟、不对抗、

2018 年 6 月 8 日，中华人民共和国"友谊勋章"颁授仪式在北京人民大会堂金色大厅隆重举行。中国国家主席习近平向俄罗斯总统普京授予首枚"友谊勋章"。

不针对第三国。[①]实践证明，建立大国伙伴关系，符合时代发展的需要，推动了国家间的良性互动，得到了各国的积极响应。进入 21 世纪以后，中国与更多的国家纷纷建立了不同形式的伙伴关系。

党的十八大以来，在以习近平同志为核心的党中央领导下，中国与俄罗斯、美国、欧盟等各主要战略力量探索建立各种类型的新型国际关系，比如中俄全面战略协作伙伴关系、中美新型大国关系、中欧全面战略伙伴关系等，与新兴经济体国家和广大发展中国家探索建立形式不同的新型国际关系，中国外交的格局进一步拓展，取得了明显成效。因此，从新型国家关系到新型国际关系，中国对构建新型国际关系的认识更加

① 杨福昌主编：《跨世纪的中国外交》，北京：世界知识出版社，2000 年，第 213 页。

明确，实践更加深入，推动了中国与各国的良性互动，逐步发展成为中国特色大国外交的重要组成部分。

实践证明，中国倡导构建新型国际关系，有着丰富的内涵，是一个逻辑连贯的有机整体，具有强大的生命力。习近平总书记在十九大报告中明确把相互尊重、公平正义、合作共赢作为新型国际关系的基本规范，既将新型国际关系与传统国际关系作出了明确区分，也为中国处理国际关系指明了前进方向。具体来说，表现在以下三个方面。

一、主权原则：相互平等 vs. 相互尊重

主权原则是国际关系的基本原则，也是国际法的基本准则。传统国际关系强调主权平等原则，认为所有国家，不管大小、贫富、强弱，一律平等。根据《联合国宪章》的解释，国家间关系的主权平等原则包括：国家在法律上平等；各国拥有对内的主权权力；国家的人格和领土完整、政治独立均应受到尊重；国家必须在国际法方面忠实地履行其国际义务。[1]然而，基于国际法的"软法"性质[2]，这一主权平等在"势力均衡"的法则下无法保证实施，主权平等的原则缺乏保障机制，这也成为传统国际关系模式摆脱不了强权政治的一个原因。

适应全球化带来的相互依赖现实需要，新型国际关系在主权平等原则基础上，更强调主权国家之间相互尊重原则，即认为无论国家大小、强弱、贫富，都必须相互尊重对方的领土主权完整和政治制度，尊重彼此的核心利益和战略关切。相比之下，相互尊重原则是彼此平等原则的

---

[1]　《联合国宪章》，http://www.un.org/chinese/aboutun/charter/charter.htm。

[2]　罗豪才：《软法理论与实践》，北京：北京大学出版社，2010 年。

深化和具体化，将国际关系从注重关系的形式层面转移到注重关系的实质层面，从而为国家间的平等原则提供了强有力的保障机制，有利于限制力量差异带来的国家之间弱肉强食问题，是对国际关系的创新和贡献。这一原则认为，不仅大国之间要相互尊重，更重要的是大国与小国之间也要相互尊重。显然，相互尊重原则比相互平等原则更实际，更重要。

二、价值原则：力量平衡 vs. 公平正义

价值原则是国际关系的争论焦点。传统国际关系认为，国家之间的关系遵循"势力均衡"的法则，权力政治是基本的法则，"强权即公理"，反对将特定的价值原则作为指导国际关系的方针。在这种观点看来，实力是唯一的道理，"有实力"是"有道理"和"有道义"的唯一标准。[①]在历史上尽管也不乏有人将价值原则带入国际关系中，比如维也纳会议确立的"正统原则"[②]、一战后威尔逊提出的"十四点"计划[③]、二战后罗斯福提出的"四大自由"等，但更多还是被作为处理国内事务的规范，没有获得国际共识。

然而，随着全球化的发展，价值原则越来越成为国际争论的焦点，尤其是联合国推动的"保护的责任"（R2P）[④]，全球气候变化进程中的"共同但有区别的责任"以及联合国可持续发展目标（SDG）中体现出的各种规范，欧盟国家积极推动的"规范性权力"等，都表明道义原则越来

① 赵可金：《软战时代的中美公共外交》，北京：时事出版社，2011年。

② Seymour Topping: Khrushchev and Vienna. New York Times, June 3rd, 1961, http://search.proquest.com/docview/115477559/, May 17th, 2018.

③ Wilson's Fourteen Points, 1918, https://history.state.gov/milestones/1914-1920/fourteen-points, May 17th, 2018.

④ The Responsibility to Protect: Report of the International Commission on Intervention and State Sovereignty, 2011, http://responsibilitytoprotect.org/ICISS%20Report.pdf, May 17th, 2018.

越成为国际关系规范新的增长点。适应这一变革趋势，十九大报告将公平正义作为新型国际关系的一个基本规范，具有极大的历史进步意义。

新型国际关系强调公平正义，是对国际关系法则的突出贡献。习近平总书记强调，推动建立以合作共赢为核心的新型国际关系，"要坚持正确义利观，做到义利兼顾，要讲信义、重情义、扬正义、树道义。"①在谈到周边外交工作时，习近平总书记认为，"要坚持与邻为善、以邻为伴，坚持睦邻、安邻、富邻，突出体现亲、诚、惠、容的理念。""要坚持睦邻友好，守望相助；讲平等、重感情；常见面、多走动；多做得人心、暖人心的事，使周边国家对我们更友善、更亲近、更认同、更支持，增强亲和力、感召力、影响力。要诚心诚意对待周边国家，争取更多朋友和伙伴。"②2013 年 3 月，习近平主席在访问非洲期间，首次提出真实亲诚对非政策理念和正确义利观，为新时期中非关系发展指明方向。在坦桑尼亚尼雷尔国际会议中心发表的题为《永远做可靠朋友和真诚伙伴》的演讲中，他说，对待非洲朋友，我们讲一个"真"字；开展对非合作，我们讲一个"实"字；加强中非友好，我们讲一个"亲"字；解决合作中的问题，我们讲一个"诚"字。③在纪念中非合作论坛成立10 周年研讨会上，他强调，"要讲感情，讲危难之中见真情"④。正确义利观坚持义利并举、义重于利，是一种强调国际公平正义基础上的普遍道义，是一种中国义利观智慧的创造性转化和创新性发展，推动中国

---

① 《习近平出席中央外事工作会议并发表重要讲话》，新华网 2014 年 11 月 29 日，http://www.xinhuanet.com/politics/2014–11/29/c_1113457723.htm。

② 《习近平在周边外交工作座谈会上发表重要讲话强调：为我国发展争取良好周边环境》，人民网 2013 年 10 月 26 日，http://cpc.people.com.cn/n/2013/1026/c64094-23333683.html。

③ 《永远做可靠朋友和真诚伙伴——习近平在坦桑尼亚尼雷尔国际会议中心的演讲》，人民网 2013 年 3 月 26 日，http://theory.people.com.cn/n/2013/0326/c136457–20914243.html。

④ 《习近平在纪念中非合作论坛成立 10 周年研讨会开幕式上的演讲》，人民网 2010 年 11 月 19 日，http://cpc.people.com.cn/GB/64093/64094/13257279.html。

2013 年 3 月 25 日，习近平主席出席中国援坦桑尼亚雷尔国际会议中心移交仪式，并发表题为《永远做可靠朋友和真诚伙伴》的演讲。

做一个负责任、敢担当的新型大国，标志着中国越来越成为国际关系中的一支维护公平正义的重要力量。

三、利益原则：你输我赢 vs. 合作共赢

利益原则是国际关系的基本动力。总体来说，在利益原则上，传统国际关系往往采取零和博弈（Zcro-Sum Game）的思维，追求以军事同盟、遏制、威慑等手段维护安全，各国奉行你死我活斗智斗勇的零和游戏，充满了相互的讨价环节和激烈的竞争。参与博弈的各方，一方的收益必然意味着另一方的损失，博弈各方的收益和损失相加总和永远为"零"。①

---

① 约瑟夫·斯蒂格利茨：《经济学》（上册），梁小民译，北京：中国人民大学出版社，2000 年，第 28 页。同时参见 Samuel Bowles. Microeconomics. Behavior, Institutions, and Evolution. New Jersey: Princeton University Press, 2004: 33–36。

基于此种零和思维，国际关系从根本上取决于大国角逐，国际政治成为大国争雄斗胜的角斗场，各大国都在努力寻求霸权。

相比之下，新型国际关系更强调正和博弈（Positive-Sum Game），以及通过合作、对话、协商等渠道实现安全。此种思维的特点是参加博弈的各方，不仅要相互交往的双方互利（双赢），更重要的是不以牺牲第三者（个体、整体、环境）利益为代价。2012年7月，在清华大学举行的"世界和平论坛"上，习近平强调指出，一个国家要谋求自身发展，必须也让别人发展；要谋求自身安全，必须也让别人安全；要谋求自己过得好，必须也让别人过得好。[①] 这一表述，核心就是共同发展、共同安全、共同治理的原则。因此，新型国际关系强调合作共赢原则，中国决不会以牺牲别国利益为代价来发展自己，致力于建立更加平等均衡的新型全球发展伙伴关系，积极推进治理体系和治理能力的发展和完善。

图 1 传统大国关系与新型国际关系的比较

模式 ＼ 指标	传统大国关系	新型国际关系
主权原则	相互平等	相互尊重
价值原则	力量平衡（强权政治）	公平正义
利益原则	你输我赢	合作共赢
关系性质	敌友关系	伙伴关系

资料来源：作者自制

---

① 习近平：《携手合作共同维护世界和平与安全——在世界和平论坛开幕式上的致辞》，《光明日报》2012年7月8日。

显然，从关系的性质来看，传统国际关系归根结底是敌友关系，而新型国际关系是非敌非友的伙伴关系，是国家之间为寻求共同利益而建立的一种合作关系。构建新型国际关系是主权原则、价值原则与利益原则的有机统一结合，是对以实力均衡原则为基础的权力政治和以社会制度划线的意识形态政治的突破和发展，实现了从旧国际关系向新国际关系的转型。在处理新型国际关系时，国与国之间必须学会相互尊重，善于抓住"同"，把共同利益的蛋糕做大；正确对待"异"，尊重和照顾彼此的利益关切。

第三节
大国关系框架

解释新型国际关系的可行性，大国关系是最重要的试金石。新型国际关系并不回避和否定大国竞争，大国关系是国际关系的核心问题，也是新型国际关系的核心问题。尤其是作为新兴大国的中国和守成大国的美国，能否建立起总体稳定、均衡发展的大国关系框架，是新型国际关系研究的重要内容。

一、为什么修昔底德陷阱论是片面的？

进入 21 世纪后，中美力量对比发生了重大变化。在全球金融危机和反恐战争的双重打击下，美国国际影响力相对下降，美国独霸世界的格局已经被打破。同时，中国总体实力和国际影响力趋于上升，成为世界上第二经济大国、第一贸易大国、第一制造业大国、第一外汇储备大国，日益走近世界舞台的中心。在近年来对中美关系发展所做的解释上，多数学者认可中美战略角逐不可避免，中美关系已经进入"临界点"①，不可避免地陷入"修昔底德陷阱"②，中国正在通过推进"东亚共同体"将美国排挤出亚洲，而美国也在通过加快推进"亚太再平衡战略"和"印太战略"来围堵和限制中国。③

的确，近年来中美关系的竞争性日益凸显，无论是奥巴马推动的"亚太再平衡"战略，还是特朗普总统在贸易和台湾问题上与中国摩擦常态化，均表明中美关系的矛盾在强化。然而，摩擦和竞争绝非中美关系的全部，中美关系在双边事务和地区与全球事务上的合作规模也是空前的。即便"修昔底德陷阱论"能够解释中美为什么会产生竞争和摩擦，也无法解释中美两国在双边和多边问题上创设的90多个对话机制。一个重要的例证是，即便是对中国强硬的特朗普政府，也并非把中美合作的选项完全排除。2017年4月6日至7日，习近平主席和特朗普总统在海湖庄园会晤中宣布建立外交安全对话、全面经济对话、执法及网络安全对话、社会和人文对话四个高级别对话机制。可以看到，在中美"贸易战"论调高涨的背景下，双方对话和谈判渠道依然保持畅通。④2017年3月19日，美国国务卿蒂勒森在访华期间，甚至一度接受中方倡议的"新型大国关系"，表示美方愿本着不冲突不对抗、

---

① 参见 W. Ide. US Official: US-China Economic Relations at Turning Point. Washington: Federal Information & News Dispatch，2011。

② 参见金灿荣：《中美关系与"修昔底德陷阱"》，《湖北大学学报》（哲学社会科学版）2015年第3期，第13—19页。

③ 参见李墨、刁大明：《"美国亚太再平衡战略新挑战"研讨会暨＜美国蓝皮书（2015）＞发布会综述》，《美国研究》2015年第3期，第155—160页；潘亚玲：《美国亚太"再平衡"战略的动力变化以及中国之应对》，《现代国际关系》2015年第1期，第29—34页；阮宗泽：《美国"亚太再平衡"战略前景论析》，《世界经济与政治》2014年第4期，第4—20页。

④ 《王毅介绍中美元首海湖庄园会晤情况》，新华网2017年4月8日，http://www.xinhuanet.com/2017-04/08/c_1120773302.htm。

2017 年 11 月 8 日，中国国家主席习近平和夫人彭丽媛陪同来华进行国事访问的美国总统特朗普和夫人梅拉尼娅参观故宫博物院，并在太和殿广场合影。

相互尊重、合作共赢的精神发展对华关系。① 显然，"修昔底德陷阱论"并非是中美关系的"宿命论"，解释中美关系需要综合审视竞争和合作、双边与多边的整体画面。

伴随中美摩擦常态化，中美关系也有深度合作的一面，尤其是在经济全球化日新月异和新技术革命如火如荼的全球背景下，中美关系已经从双边关系拓展到双边、地区和全球多个层面，并深深嵌入到彼此社会内部，成为你中有我、我中有你的利益共同体，这是中美新型大国关系的物质基础和社会基础。据中国商务部统计，截至 2017 年年底，中美贸易额已经突破 5800 亿美元（美方统计数据为 6330 亿美元），

---

① 《习近平会见美国国务卿蒂勒森》，新华网 2017 年 3 月 19 日，http://www.xinhuanet.com/politics/2017 -03/19/c_1120653939.htm。

双向投资存量超过1000亿美元，每年相互人员往来超过500多万人次。[①]目前，中国是美国最大商业伙伴、第三大出口市场和第一大进口来源地，中国还是美国最大的联邦政府债券持有国。尽管媒体不断报道中美摩擦的不和谐声音，中美两国也不时在一些问题上口角不断，但中美关系的主流是合作发展，新时代的中美关系日益呈现出竞争与合作并存、摩擦与对话并行不悖的"中美复合体"（China-US Complex）特征。

中美复合体的特征表现在两方面。一方面，随着中美两国经济和社会相互依赖程度日益加深，中美基于政治制度差异、价值观差异和力量对比变化的结构性矛盾产生的战略互疑也在上升，导致中美两国政府在处理中美关系时面对着"斩不断理还乱"的"选择困境"。另一方面，中美两国处理彼此关系时都呈现出了两面性和灵活性的特征，使得中美关系变得十分复杂难测，正确驾驭中美关系的难度也在急剧上升，考验着中美两国领导人和外交部门的智慧和勇气。

二、合作共赢是构建总体稳定、均衡发展的大国关系框架的核心

进入21世纪以后，面对大国关系的新形势和新变化，中国与美国积极探索构建不冲突不对抗、相互尊重、合作共赢的新型大国关系。习近平主席指出，"始终抓住共同利益这一主线，不要让这样那样的矛盾、分歧左右中美关系大局，要携手走出一条大国之间和谐相处、

---

① 《国新办举行中美贸易有关情况吹风会》，国务院新闻办公室网2018年4月4日，http://www.scio.gov.cn/xwfbh/xwbfbh/wqfbh/37601/38181/index.htm。

良性竞争、合作共赢的新型道路。"①当然,这一进程不可能一帆风顺,能否获得持续发展,核心在于能否坚持合作共赢的原则。近年来,在推进中美新型大国关系构建的过程中,尽管中美关系经历众多挑战,在朝鲜半岛核问题、贸易争端、海洋权益争端、网络争端、台湾问题等问题上历经风雨,但中美关系一直保持稳定发展势头,其关键原因就是坚持了合作共赢的核心法则。在与美国领导人会晤期间,习近平主席多次指出,"从中美关系的全局把握,两国共同利益远远大于分歧,双方合作始终是主流。"②"我们有一千条理由把中美关系搞好,没有一条理由把中美关系搞坏","合作是中美两国唯一正确的选择,我们两国完全能够成为很好的合作伙伴。"③习近平主席以蕴含中国智慧的哲学思维看待分歧,强调"要看大局,正所谓'得其大者可以兼其小'",强调双方应求同存异、求同化异,凡是有利于为两国关系注入正能量的,都要做"加法",反之,都要做"减法"。所有这一切,都强调以合作共赢的原则为基础。

在总结大国外交经验教训的基础上,十九大报告正式确定推进大国协调和合作,构建总体稳定、均衡发展的大国关系框架,这为推进构建新型国际关系指明了大国外交的具体方向。这一判断的创新之处在于强调构建大国关系框架,而非仅仅注重发展大国外交本身,尤其是强调总体稳定、均衡发展,意味着在推进战略合作伙伴维度的同时,更加注重经济合作伙伴、执法合法伙伴和人文合作伙伴等维度,不断

---

① 《习近平访美前夕接受美国＜华盛顿邮报＞书面采访》,中国政府网 2012 年 2 月 13 日,http://www.gov.cn/ldhd/2012-02/13/content_2065584.htm。

② 《习近平称此次习奥会为"白宫秋叙"》,人民网 2015 年 9 月 30 日,http://bj.people.com.cn/n/2015/0930/c233086-26589917.html。

③ 《把握中美新型大国关系的正确方向》,人民网 2017 年 4 月 24 日,http://theory.people.com.cn/n1/2017/0424/c40531-29230818.html。

为大国关系充实更多内涵，不断注入正能量，使得中国的大国外交更具自信、更加全面和更为成熟。

三、相互尊重是构建总体稳定、均衡发展的大国关系框架的重点

习近平主席在多个场合不断阐释中美新型大国关系的概念，强调构建中美新型大国关系，难点在于能否相互尊重。2013 年 6 月 7 日至 8 日，习近平主席在美国加利福尼亚州安纳伯格庄园同美国总统奥巴马会晤时，进一步明确了中美新型大国关系的内涵，即不冲突不对抗，相互尊重，合作共赢。[①] 其中，"相互尊重"就是要尊重各自选择的社会制度和发展道路，尊重彼此的核心利益和重大关切，求同存异，包容互鉴，共同进步。然而，面对中方的新型大国关系倡议，美方回应一直不够积极，短时间难以改变长期以来形成的传统国际关系思维定势，难以从根本上改变对中国指手画脚和评头论足的霸权心态，导致中美关系屡生事端。

特朗普入主白宫以来，中美在台湾问题、朝核问题、贸易争端问题、知识产权问题等问题上之所以麻烦不断，重要原因就是美国领导人难以真正确立相互尊重的原则。2016 年 12 月，习近平主席在会见美国前国务卿基辛格时提出，"新型的大国相处之道"的关键是要尊重对方的核心利益和重大关切，客观理性地看待对方的战略意图，管控好分歧和矛盾，避免战略误判，避免刺激对方，避免恶性竞争。[②]2017 年 3

[①]《杨洁篪谈习近平主席与奥巴马总统安纳伯格庄园会晤成果》，新华网 2013 年 6 月 9 日，http://www.xinhuanet.com/world/2013-06/09/c_116102752.htm。

[②]《习近平会见美国前国务卿基辛格》，新华网 2016 年 12 月 2 日，http://www.xinhuanet.com//politics/2016-12/02/c_1120043172.htm。

2019 年 2 月 15 日，中国国家主席习近平在北京人民大会堂会见来华进行新一轮中美经贸高级别磋商的美国贸易代表莱特希泽和财政部长姆努钦。

月，习近平主席在会见美国国务卿蒂勒森时，强调要尊重彼此核心利益和重大关切，维护中美关系大局稳定。[①] 在与特朗普的多次通话和会见中，习近平主席不断强调，要在相互尊重的基础上处理中美关系，"在相互尊重、互惠互利基础上，聚焦合作、管控分歧，推动中美经济合作共赢"[②]。中美关系中所发生的诸多摩擦也反复表明，构建总体稳定、均衡发展的大国关系框架的出路在相互尊重，难点也在相互尊重。近期，围绕贸易争端问题，中美两国之间积极互动，美方对中兴公司问题所作的积极表态以及中美双方的积极磋商表明，只要坚持相互尊重的方针，中美构建总体稳定、均衡发展的大国关系框架就大有希望。

四、公平正义是构建总体稳定、均衡发展的大国关系框架的关键

中美两国之间有着显而易见的共同利益，却无法避免复杂的矛盾

---

① 《习近平会见美国国务卿蒂勒森》，新华网 2017 年 3 月 19 日，http://www.xinhuanet.com/politics/2017-03/19/c_1120653939.htm。

② 《习近平应约同美国总统特朗普通电话》，新华网 2018 年 3 月 9 日，http://www.xinhuanet.com/politics/2018-03/09/c_1122515031.htm。

和摩擦，其根本原因在于缺乏战略互信。2013 年 6 月 7 日，习近平主席在美国加州安纳伯格庄园与美国总统奥巴马举行"不打领带"的会晤时表示："中美两国利益攸关，战略互信是互利合作的基础，互信程度越深，合作空间越大。双方要坚决摒弃冷战思维，多一些理解、少一些隔阂，多一些信任、少一些猜忌。"①2015 年 7 月 2 日，王毅外长会见美国国务卿克里时强调："中美作为世界上最大发展中国家和最大发达国家，彼此存在这样那样的问题并不足为奇，关键是要不断增进战略互信，减少相互猜忌，防止战略误判。"②随着两国实力的相对接近，两国战略互信程度越来越低，战略互疑越来越深。对此，北京大学王缉思教授给出了具有智慧的解释：中美间存在的最大战略互疑是"两个秩序"，中国国内的秩序是否会挑战美国所倡导的国际政治和经济秩序；美国是否会尊重中国国内的秩序，美国是否会破坏中国的政治秩序。③的确，中美双方都在担心彼此会挑战对方的制度和规则，中美关系摩擦的震荡源不是实力的角逐，而是制度规则的差异，尤其在面对日益做大的共同利益"蛋糕"时，如何实现公平正义的"蛋糕"分配，成为决定中美关系未来走向的关键。

特朗普上台后，美方在这一方面的要求逐渐显化。2017 年 11 月 9 日，特朗普访华期间表示，美方愿同中方发展公平、互惠、强劲的经贸关系。④2018 年 1 月 26 日，特朗普出席达沃斯世界经济论坛在演讲中强

---

① 《不打领带的庄园会晤 习近平访美 48 小时全纪实》，中国广播网 2013 年 6 月 9 日，http://china.cnr.cn/xwwgf/201306/t20130609_512790105.shtml。

② 《中美关系重在不断增进战略互信》，新华网 2015 年 7 月 2 日，http://www.xinhuanet.com/world/2015-07/03/c_1115801290.htm。

③ 王缉思、徐方清：《王缉思："两个秩序"下，中美如何共同进化》，《领导文萃》2016 年第 5 期，第 27—30 页。

④ 《中美元首会晤达成多方面重要共识，同意共同努力推动两国关系取得更大发展》，新华网 2017 年 11 月 9 日，http://us.xinhuanet.com/2017-11/09/c_1121931994.htm。

2019 年 1 月 10 日，纪念中美建交 40 周年招待会在北京人民大会堂举行，中国国家副主席王岐山出席并致辞，美国驻华大使布兰斯塔德、中美各界人士 300 余人出席招待会。

调，我们支持自由贸易，但是必须是公平的，也必须是互惠的。[①]时下，美国对贸易逆差问题的关注、在知识产权方面的指责、在印太战略上的规划，无不显示出其对"公正互惠"原则的关注。习近平总书记关于新型国际关系的论述中，也高度重视公平正义的原则。无论在双边问题还是多边问题上，中美之间能否确立共同接受的公平正义原则，能否超越各自治理制度的差异，将成为未来新型大国关系构建的关键。中美两国的基本国情不同，历史文化传统各异，在维护共同利益和应对各种挑战时有着不同的理念和思路，基于价值原则和制度规则的政治话语权成为今后中美关系较量的最主要线索。

---

① 《在达沃斯世界经济论坛发表演讲 特朗普："美国优先"不意味着"单独而行"》，《联合早报》2018 年 1 月 27 日，http://www.zaobao.com/news/world/story20180127-830386。

第四节
和平意义

新型国际关系的概念被提出后，无论是战略界还是学界，都有人提出质疑，认为它不过是中国外交的宣传口号，是一厢情愿的政策宣示，在理论上无法逻辑自洽，在实践中将举步维艰。自近代以来，在国际关系问题上一直存在一个重要的历史规律：大国政治的悲剧。[①] 也就是说，大国政治的前景极其悲观，特别是在霸权国和挑战国之间，存在着双向激化的冲突发生进程，在霸权结构中，结构性的对抗安全困境的模式难以避免。对此，美国耶鲁大学历史学教授保罗·肯尼迪（Paul Kennedy）和普林斯顿大学国际关系学教授罗伯特·吉尔平（Robert Gilpin）进行了理论阐释，认为历史上守成大国与崛起大国的关系，免不了相互猜忌、冲突甚至战争。[②] 占主导地位的理论解释，是哈佛大学教授格雷厄姆·艾利森（Graham Allison）提出的基于均势原理和权力转

---

① 约翰·米尔斯海默：《大国政治的悲剧》，王义桅、唐小松译，上海：上海人民出版社，2003年，第64页。

② 参见 罗伯特·吉尔平：《世界政治中的战争与变革》，武军等译，北京：中国人民大学出版社，1994年，第184—205页；保罗·肯尼迪：《大国的兴衰：1500年—2000年的经济变迁与军事冲突》，王保存等译，北京：求实出版社，1988年，第1—11页。

移理论的"修昔底德陷阱论"。根据该理论,崛起国与霸权国之间存在根本的结构性矛盾,崛起国经济、军事力量的上升,将导致崛起国和霸权国之间的结构性矛盾面临上升的压力,战略较量因此无法避免。然而,所有这些解释均充斥着权力政治和均势政治的陈词滥调,其最大的缺陷是对全球化和以信息技术革命为支柱的社会变革视而不见,仅仅看到与18世纪几乎没有差异的、基于均势原则的战略角逐,顽固地排斥全球化带来的国家与社会的关系的变化,没有抓住国际关系的时代本质。评估环绕权力政治的社会因素的变化所催生的政治能量及其创造的新型国际关系模式(见图2),是挑战"修昔底德陷阱论"的主要路径。

图 2 新型国际关系思维导图

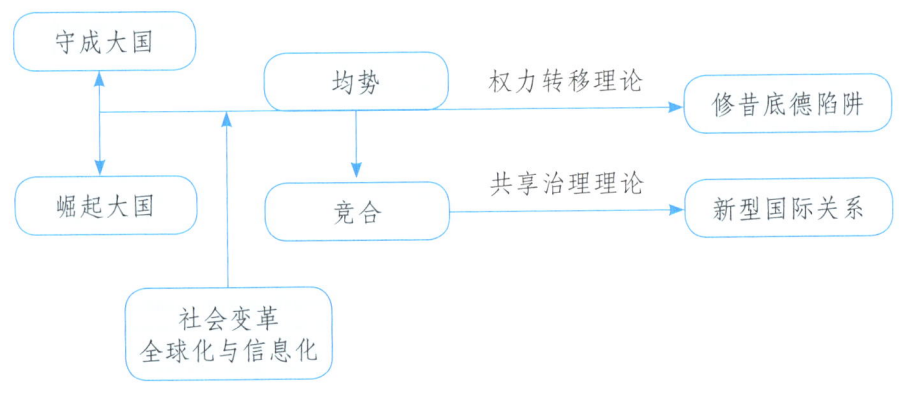

资料来源:作者自制。

事实上,关于社会因素对权力政治的影响,已经有许多理论先驱作过阐述,比如,形形色色的建构主义者就从文化规范、身份认同、倡议网络、关系与过程等角度,围绕相关的一系列社会理论发起了一场革命性的争论。①声势浩大的建构主义者提出了复杂的理论模式，但距离真正形成指导外交战略的系统政策和理论方案，还需假以时日。自由主义学派则力图说明经济上的相互依存和国际制度等因素能够减弱暴力行为的可能，强调国际机制、国际组织和相互依存的新自由制度主义，在解释全球治理和多边行动上倾注了巨大的精力。但是，自由主义学派对国际关系中"高级政治"的解释力不足，从而在论战中陷入困境，导致一些制度主义者心甘情愿地与现实主义者走向主流理论的合流。②此外，英国学派重视国际社会在国际关系中的作用，后现代主义关注知识背后的权力因素，两者虽然都自成一派，都强调社会因素对国际关系的影响，但真正令人信服的系统化理论成果还是凤毛麟角，均未实现逻辑上的自洽体系，更遑论替代性的竞争性理论阐释了。③

　　从习近平主席 2013 年在莫斯科国际关系学院的演讲来看，他所强调的"新型国际关系"主要是从时代变革的角度来思考的。习近平主席认为，"宇宙只有一个地球，人类共有一个家园"，"各国相互联系、相互依存，全球命运与共、休戚相关"。④显然，习近平主席并没有否

---

① 参见 Robert W. Cox: Production, Power, and World Order: Social Forces and the Making of History, New York: Columbia University Press, 1987；亚历山大·温特：《国际政治的社会理论》，秦亚青译，上海：上海人民出版社，2000 年。

② 参见秦亚青：《国际关系理论的核心问题与中国学派的生成》，《中国社会科学》2005 年第 3 期；罗伯特·基欧汉：《霸权之后：世界政治经济中的合作与纷争》，苏长和等译，上海：上海人民出版社，2006 年；罗伯特·基欧汉、约瑟夫·奈：《权力与相互依赖》，门洪华译，北京：北京大学出版社，2002 年；亚历山大·温特：《国际政治的社会理论》，秦亚青译，上海：上海人民出版社，2000 年，第 175 页；Bruce Russett: Triangulating Peace, New York: W. W. Norton, 2001。

③ 参见 Barry Buzan: An Introduction to the English School of International Relations: The Societal Approach, Cambridge, UK: Malden, 2014; Stephen Anthony Smith: Hadfield-Amkahn Amelia and Timothy Dunne, Foreign Policy: Theories, Actors, Cases, Oxford: Oxford University Press, 2012；庞中英：《国际社会理论与国际关系的英国学派》，《欧洲研究》1996 年第 2 期，第 32—40 页；刘永涛：《后现代主义与后现代国际关系：一个基本考察》，《世界经济与政治》2005 年第 7 期，第 36—42 页。

④ 《习近平"绿色治理"观：世界认同体现中国担当》，中国共产党新闻网 2017 年 6 月 7 日，http://cpc.people.com.cn/n1/2017/0607/c64387-29322571.html。

2018 年 4 月 8 日，中国国家主席习近平在北京人民大会堂会见联合国秘书长古特雷斯。

认早已存在的"国家间政治"（Politics among Nations）的权力政治逻辑，而是认为 21 世纪各国相互依存、全球命运与共的时代特征超越了传统国际关系的权力角逐逻辑，进而确立了竞争与合作并存的新型国际关系逻辑。这一新型国际关系的基本特征是，国与国之间的关系越来越呈现为一种竞争与合作并存、摩擦与对话并行不悖的"复合体"（Complex）——不仅是你中有我、我中有你的利益共同体，更是一荣俱荣、一损俱损的命运共同体。在如此历史情境下，虽然不能认为应彻底抛弃权力政治，但仅仅局限于权力政治的国际纵横策论显然已经跟不上历史前进的步伐，至少不能完全解释新的国际关系现象。

因此，理解新型国际关系，需要确立解释管制国家之间竞争与合

2018年6月6日，上合组织秘书长阿利莫夫在接受记者采访时表示，即将召开的上合组织青岛峰会将向世界展示新型国际关系典范。

作的替代性理论，有学者将这一理论称为全球治理理论。^① 从理论上来说，全球治理理论并不仅仅是一个描述性的界定，而且提出了一整套全球治理背景下的核心政治问题，也就是一些学者所归纳的：谁治理？为何治理？治理者如何治理？治理产生什么结果（影响）？^②2018年4月8日，习近平主席在会见联合国秘书长古特雷斯时指出，"国际上的问题林林总总，归结起来就是要解决好治理体系和治理能力的问题。

① 玛丽·劳德·斯莫茨：《治理在国际关系中的正确运用》，《国际社会科学》（中文版）1999年第2期，第81—88页。

② K.J.霍尔斯蒂：《没有政府的治理：19世纪欧洲国际政治中的多头政治》，詹姆斯·罗西瑙主编，张胜军、刘小林译，南昌：江西人民出版社，2001年，第35页；苏长和：《互联互通世界的治理和秩序》，《世界经济与政治》2017年第2期，第25—35页；苏长和：《全球治理体系转型中的国际制度》，《当代世界》2015年第11期，第34—37页；苏长和：《中国与全球治理：进程、行为、结构与知识》，《国际政治研究》2011年第1期，第35—45页。

我们需要不断推进和完善全球治理，应对好这一挑战。"[①] 推进和完善全球治理，需要谋求各国间的协商与合作，并且首先是大国间的合作，建立基于合作共赢的全球发展伙伴关系。这就是理解新型国际关系的共享治理理论。

有别于传统权力政治理论所强调的"国家间政治"（Politics among Nations），共享治理理论将全球市场、全球公民社会等因素纳入分析框架，注重研究全球国家、全球市场和全球公民社会之间的"跨网络政治"（Politics among Networks），研究对象也从国家间政治理论针对的威斯特伐利亚体系，发展到共享治理理论阐释的全球政治模型（见图3）。共享治理理论在权力原则的基础上，将公平正义的价值原则、相互尊重的主权原则和合作共赢的利益原则融为一体，共同构成新型国际关系的逻辑体系。

图 3 全球政治模型思维导图

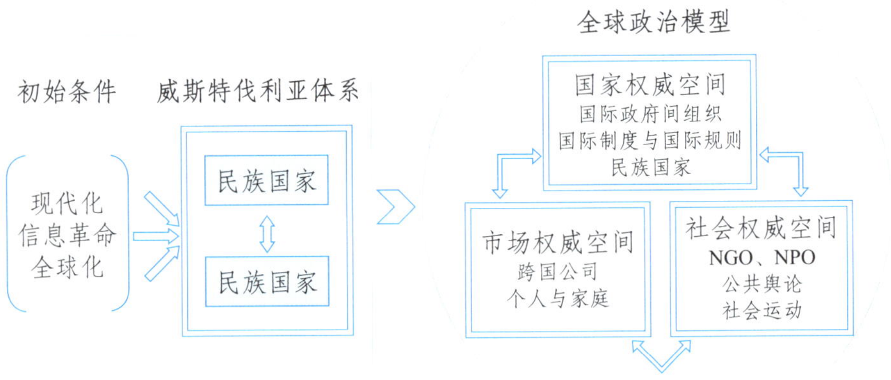

资料来源：作者自制。

---

① 《习近平会见联合国秘书长古特雷斯》，新华网 2018 年 4 月 8 日，http://www.xinhuanet.com/2018-04/08/c_1122651110.htm。

当然，新型国际关系并不否定主权原则，而是在强调主权平等原则的基础上更加重视尊重主权的原则。诚如习近平主席在联合国日内瓦总部讲话时指出的那样，"主权平等，真谛在于国家不分大小、强弱、贫富，主权和尊严必须得到尊重，内政不容干涉，都有权自主选择社会制度和发展道路。""我们要坚持主权平等，推动各国权利平等、机会平等、规则平等。"[1] 在主权尊重规范的指导下，新型国际关系要求确立主权平等和互相尊重的原则，"主权原则不仅体现在各国主权和领土完整不容侵犯、内政不容干涉，还应该体现在各国自主选择社会制度和发展道路的权利应当得到维护，体现在各国推动经济社会发展、改善人民生活的实践应当受到尊重。"[2]

在管控国家间冲突和竞争的同时如何维护和巩固国际合作，成为冷战后国际关系的核心议题。在和平与发展成为时代主题的背景下，国家间的竞争逐渐转移到提高综合国力和经济竞争、科技竞争、人才竞争上来。这些竞争有别于以往的军事竞争和安全竞争，是一种合作性的竞争，表现为在竞争中合作，在合作中竞争。同时，随着全球化的深入，全球市场和全球公民社会日益活跃，在国际贸易、直接投资、人口流动等要素的推动下，逐渐形成一个不可分割的全球性网络，环境污染、气候变化、大规模传染病、恐怖主义、跨国犯罪等全球性问题成为人类面临的共同挑战。如何提供全球公共产品，应对全球公共灾害，尤其是在联合国（UN）、国际货币基金组织（IMF）、世界贸易组织（WTO）和二十国集团（G20）等国际和地区制度框架内促进

---

① 《习近平主席在联合国日内瓦总部的演讲》，中国共产党新闻网 2017 年 1 月 18 日，http://cpc.people.com.cn/n1/2017/0119/c64094-29034230.html。

② 《习近平在第七十届联合国大会一般性辩论时的讲话》，新华网 2015 年 9 月 29 日，http://www.xinhuanet.com/world/2015-09/29/c_1116703645.htm。

参与各方的合作共赢，成为新型国际关系的优先任务。这就是习近平主席反复强调构建以合作共赢为核心的新型国际关系的根本原因所在，也是共享治理理论所阐释的核心内容，也是新型国际关系理论对和平思想的重大贡献。

第四章
人类命运共同体

　　中共十八大以来，中国与世界的关系发生历史性变化，随着国家实力和国际影响力的日益增强，中国从游离于现有国际体系之外逐渐步入国际舞台的中心地带。世界第二大经济体将走向何方？中国对当今世界和未来发展的看法、主张以及战略选择如何？整个世界都在关注这些问题，中国也在进行着思考。在此时代背景下，以习近平同志为核心的党中央，总揽全局，顺势而为，在理论思考和实践创新两个方面不断丰富和发展人类命运共同体的内涵，人类命运共同体越来越成为中国和平发展的一面旗帜。

第一节
提出背景

当今世界正在发生重大而深刻的历史性变化。在经历了冷战终结、全球化发展和全球金融危机等多重变化之后，整个世界日益陷入了对未来社会发展方向的迷惘。特别是全球金融危机爆发后，自近代以来一直引领人类社会发展方向的欧美发达国家，纷纷陷入不能自拔的困境。面对全球产能过剩引发的社会两极分化、跨境移民流动带来的族群冲突以及全球宗教回归带来的宗教斗争，世界各地的人们开始怀疑近代以来的全球化方向，忧虑人类社会整体发展的未来，一些国家开始祭起民粹主义、民族主义、保护主义甚至孤立主义的大旗，近代以来形成的主流国际社会面临着分崩离析的"碎片化"危险。

"人类只有一个地球。""人类命运共同体"思想是习近平主席对当今世界性质和人类未来走向的判断。"人类命运共同体"在中共十八大报告中就已经提出，但当时更多强调倡导"人类命运共同体"意识，在外交上坚持走合作共赢之路，真正将人类命运共同体放在人类文明走向的高度进行认识是中共十八大以来的事情。习近平主席在众多场合不断谈及"人类命运共同体"，赋予人类命运共同体以丰富的内涵，逐渐形成了"人类命运共同体"的思想体系。2013 年 4 月 7 日，在出席博鳌亚洲论坛年会发表主旨演讲时，习近平主席表示，国家无论大小、强弱、贫富，都应该做和平的维护者和促进者，不能这边搭台、那边拆台，而应该相互补台、好戏连台。[①]他强调要走"对话而不对抗，结伴而不结盟"的伙伴关系道路。在出访世界各国期间，习近平主席引用中外文化中的名言警句，与东南亚朋友谈"水涨荷花高"，与非洲朋友讲"独行快，众行远"，与欧洲朋友引用"一棵树挡不住寒风"，强调这就是中国文化中"大河有水小河满，小河有水大河满"的合作共赢道理。2014 年 5 月 21 日，习近平主席主持亚洲相互协作与信任措施会议第四次峰会第一阶段会议并作主旨讲话，在谈到安全的普遍性时引用哈萨克斯坦谚语，"吹灭别人的灯，会烧掉自己胡子"，强调安全问题上"命运与共，唇齿相依"的道理，不能一个国家安全而其他国家不安全，一部分国家安全而另一部分国家不安全，更不能牺牲别国安全谋求自身所谓"绝对安全"，应该努力走出一条共建、共享、共赢的亚洲安全之路。[②]在印度尼西亚国会和联合国教科文组织总部等演讲中，习近平主席多次强调，"计利当计天下利"，"山积而高，泽积而长"，"己所不欲，勿施于人"，"夫物之不齐，物之情也"，"一花独放不是春，百花齐放春满园"等兼容并蓄的文明观，指出了人类多样文明发展并育而不相害的美好前景。不难看出，习近平主席对当今世界和人类文明的走向形成了从国与国的命运共同体到区域内的命运共同体和人类命运共同体的系统思想，是一种超越民族国家和意识形态的全球观。

---

① 习近平：《迈向命运共同体开创亚洲新未来》，《人民日报》2015 年 3 月 29 日，第 2 版。
② 习近平：《积极树立亚洲安全观共创安全合作新局面》，《人民日报》2014 年 5 月 22 日，第 2 版。

2013 年 4 月 7 日，中国国家主席习近平在博鳌亚洲论坛 2013 年年会开幕大会上发表主旨演讲。

　　人类命运共同体思想成熟的重要标志是习近平主席在联合国大会上的讲话。2015 年 9 月 28 日，习近平主席在纽约联合国总部出席第七十届联合国大会一般性辩论并发表题为《携手构建合作共赢新伙伴同心打造人类命运共同体》的重要讲话，分别从政治、发展、安全、文明和生态五个层面阐述了人类命运共同体的思想内涵和政策方案，即建立平等相待、互商互谅的伙伴关系；营造公道正义、共建共享的安全格局；谋求开放创新、包容互惠的发展前景；促进和而不同、兼收并蓄的文明交流；构筑尊崇自然、绿色发展的生态体系。[①]2017 年 1 月 18 日，习近平主席在联合国日内瓦总部发表题为《共同构建人类命运共同体》的演讲，

---

① 习近平：《携手构建合作共赢新伙伴同心打造人类命运共同体》，《人民日报》2015 年 9 月 29 日，第 2 版。

强调构建人类命运共同体，关键在行动。国际社会要从伙伴关系、安全格局、经济发展、文明交流、生态建设等方面作出努力：坚持对话协商，建设一个持久和平的世界；坚持共建共享，建设一个普遍安全的世界；坚持合作共赢，建设一个共同繁荣的世界；坚持交流互鉴，建设一个开放包容的世界；坚持绿色低碳，建设一个清洁美丽的世界。[①] 不难看出，人类命运共同体思想已经成为实践中行之有效的治理方针，具有很强的生命力和实践可行性。在这一思想指导下，中国提出了"一带一路"倡议，倡导成立亚洲基础设施投资银行和金砖国家新开发银行，并在 G20 和 APEC 等全球和地区治理框架中不断提出新理念，提供新方案，受到世界各国的普遍欢迎。2017 年 2 月 10 日，联合国社会发展委员会通过"非洲发展新伙伴关系的社会层面"决议，"呼吁国际社会本着合作共赢和构建人类命运共同体的精神，加强对非洲经济社会发展的支持"。[②] 随后在 11 月 1 日举行的第 72 届联大负责裁军和国际安全事务第一委员会（联大一委）会议通过了"防止外空军备竞赛进一步切实措施"和"不首先在外空放置武器"两份安全决议，"构建人类命运共同体"理念被纳入联合国安全决议。从人类命运共同体的倡议提出到转变为国际共识和国际规范，充分体现了人类命运共同体思想的强大国际影响力和广阔发展空间。

基于人类命运共同体思想在国际关系和外交实践中所显示出的强大生命力，在中共十九大上，这一思想被写入十九大报告和新修改的党章。习近平总书记在十九大报告中强调指出，"构建人类命运共同体，建设

---

① 习近平：《共同构建人类命运共同体》，《人民日报》2017 年 1 月 20 日，第 2 版。
② 《"构建人类命运共同体"首次写入联合国决议》，新华网 2017 年 2 月 12 日，http://www.xinhuanet.com/world/2017-02/12/c_129476297.htm。

持久和平、普遍安全、共同繁荣、开放包容、清洁美丽的世界。"①同时，围绕如何构建人类命运共同体，提出了一系列原则方针，即要相互尊重、平等协商，坚决摒弃冷战思维和强权政治；要坚持以对话解决争端、以协商化解分歧；要同舟共济，促进贸易和投资自由化便利化；要尊重世界文明多样性；要保护好人类赖以生存的地球家园。在中共十九大通过的新修改的《中国共产党章程》中，也明确提出"推动构建人类命运共同体，推动建设持久和平、共同繁荣的和谐世界"②。人类命运共同体思想成为习近平新时代中国特色社会主义思想的重要组成部分，它交融于实现中华民族伟大复兴的中国梦，体现于以合作共赢为核心的新型国际关系，蕴涵于中国坚持的正确义利观，是一份人类社会进入全球化时代之后思考人类文明和世界未来的"中国方案"。

---

① 习近平：《决胜全面建成小康社会夺取新时代中国特色社会主义伟大胜利——在中国共产党第十九次全国代表大会上的报告》，新华网 2017 年 10 月 27 日，http://www.xinhuanet.com/2017-10/27/c_1121867529.htm。

② 本书编写组：《中国共产党章程》，北京：人民出版社，2017 年。

第二节
思想内涵

　　人类命运共同体不仅仅是中国外交的政策宣示，更是中国应对全球化时代面临的各种挑战所提出的"中国方案"。2017 年 1 月，习近平主席出席达沃斯世界经济论坛并发表演讲，提出当今世界面临着共同的挑战，"世界经济长期低迷，贫富差距、南北差距问题更加突出。究其根源，是经济领域三大突出矛盾没有得到有效解决。"①2018 年 4 月 8 日，习近平主席在会见联合国秘书长古特雷斯时指出，国际上的问题林林总总，归结起来就是要解决好治理体系和治理能力的问题。我们需要不断推进和完善全球治理，应对好这一挑战。中国正在统筹推进经济、政治、文化、社会、生态文明建设"五位一体"总体布局，这五方面也是构建人类命运共同体的主要内容。在习近平主席看来，国内"五位一体"总体布局与国际"五个世界"的人类命运共同体构建是一体两面，实现中华民族伟大复兴的"中国梦"与构建人类命运共同体的"世界梦"是内在一致的，推动国家治理体系和治理能力现代化和完善全球治理体系和

---

① 习近平：《共担时代责任共促全球发展》，《人民日报》2017 年 1 月 18 日，第 3 版。

治理能力都是应对当今世界共同挑战的"中国方案"。

相比较而言，人类命运共同体思想是对西方国际社会（International Community）的超越。最早提出共同体概念的是法国思想家让 - 雅克·卢梭（Jean-Jacques Rousseau），他从社会契约论角度出发，认为社会契约一旦缔结，"就意味着每个人把自己的全部权利都转让给由人民结合成的集体，因此个人服从集体的'公意'，也就是服从自己，人民则是这个政治共同体的主权者"。所谓共同体，是指社会上那些基于主观上和客观上的共同特征（种族、观念、地位、遭遇、任务、身份等）而组成的各种层次的团体、组织，包括以血缘关系为纽带形成的氏族和部落，以婚姻关系和血缘关系为纽带形成的家庭，以共同的经济生活、居住地域、语言和文化心理素质为纽带形成的民族等。对于不同共同体的关系，马克思认为，随着物质生产方式的发展，各种共同体都会逐渐发展，随着共产主义生产方式的发展，将会使民族界限逐渐泯灭，形成世界范围

2017 年 1 月 17 日，中国国家主席习近平在瑞士达沃斯出席世界经济论坛 2017 年年会开幕式并发表主旨演讲，向世界宣示中国坚持自由贸易和继续推动经济全球化的坚定决心和担当。

的人群共同体。人类命运共同体意味着整个人类在全球化、信息化时代已经成为一种日益紧密的共同体，只有确立人类命运共同体的中心地位，才能真正把握世界未来的本质。从这个意义上来说，人类命运共同体是对西方中心论的超越。这一理论体系将是多中心的现代化理论，其着眼点是整个人类的现代化而不是某一部分人的现代化。

从外部形态来看，人类命运共同体是一个呈现为众多维度的社会单元。首先，它是一个地理单元，它不是仅仅关注单个家庭、单个社区、单个国家、单个区域，而是关注整个人类，着力把握人类作为地球上的一个整体所具有的类的本质属性。其次，它还是一个互联互通的全球生活单元，包括经济生活、政治生活和社会文化生活等，核心是在多样化的社会生活基础上逐渐形成人类命运休戚相关的身份认同，此种人类命运认同与多样化的国家认同、社区认同、族群认同和宗教认同等并不矛盾，重叠存在。再次，最为核心的是它还是一个全球和地区的治理结构，是一个涵盖了国家、跨国家、非国家等诸多行为体互动形成的治理体系。马克思在《关于费尔巴哈的提纲》中指出，"人的本质并不是单个人所固有的抽象物，在其现实性上，它是一切社会关系的总和。"① 人的社会性原理表明，人有作为人类命运共同体维度的类的属性，表现为全球公民，人类命运共同体就是要把全球公民丢失了的邻里关系、社区关系、国家关系在全球范围内重新恢复起来，让备受全球市场和国家关系挤压的空间活动起来，这就是人类命运共同体的魅力。

显然，人类命运共同体与国际社会、全球市场和全球公民社会都存在着很大差异。首先，人类命运共同体不同于国际社会（International Community）。国际社会是一个由国家组成的"无政府状态"社会，没

---

① 中央编译局：《马克思恩格斯文集》（第 1 卷），北京：人民出版社，2009 年。

有高于主权国家的行为体，国家内部是一个等级化的结构。人类命运共同体则不仅包含了国家，而且也涵盖了非国家行为体，是一个范围更广的全球公共空间。其次，人类命运共同体不同于全球市场（Global Market）和全球公民社会（Global Civil Society）。全球市场是在国际分工基础上形成的以追求效率为主要动力的国际商品经济关系的总和，包括商品交换背后的生产者之间的关系。全球公民社会是在国家和市场活动范围之外，进行跨国结社或活动的领域，它包括国际非政府组织和非政府组织联盟、全球公民网络、跨国社会运动等全球公共领域。尽管全球市场和全球公民社会都不像国家那样具有明确的边界，但两者也还都有其明确的"轴心原则"，全球市场是以效率为轴心原则，遵循价值规律和竞争规律。全球公民社会以公正为轴心原则，遵循伦理规律和正义规律。相比之下，人类命运共同体则是国际社会、全球市场和全球公民社会互动的网络、资源、平台和机会空间的总和，它的基本逻辑是自治和治理，是国家的权威原则、市场的效率原则和公民社会的公正原则互动过程的产物。

人类命运共同体是全球化时代发展的必然产物。近代以来，随着科技革命的推进、市场化的深入和全球化的发展，人类社会受到两重力量的交互挤压：一是国家网络。国家是人类社会发展到一定阶段的产物，自从国家产生后，形形色色的共同体就遭受到强大国家权威的压力。特别是随着近代民族国家的兴起，除了极地、太空、海洋、网络等全球公域外，绝大多数资源被国家宣誓主权而瓜分殆尽，民主化和福利化的发展，更是把社区共同体笼罩在福利体系的精心关照之下，国家在全球化时代被异化了，出现了"偶像的黄昏"（尼采语），呈现出越来越多的问题。二是全球市场。随着新航路的开辟，以跨国公司、国际贸易和对外投资为主要内容的全球市场加速发展，将原料、市场、货币、信息等统统卷入利己主义的冰水之中，人与人之间的关系除了赤裸裸的金钱交易关系再也没有其他了，这一趋势在全球化浪潮的推动下被进一步放大。

在上述两种力量的冲刷下，现代社会越来越成为冷漠的陌生人社会。在很多哲学家眼中，现代社会往往被视为由单向度的人组成的陌生人社会，社会成员尽管沉浸在野蛮释放的自由状态，却备受身心焦虑和孤独的煎熬，且越是生活在现代化大城市的人，越是缺乏经济生活之外的公共生活，整天生活在忙忙碌碌之中，面对无休无止的应酬和应接不暇的业务，一如福柯（Michel Foucault）所批判的"生活在他处"，或如哈贝马斯（Jürgen Habermas）所揭示出的"生活的殖民化"。[①] 正是因为备受此种现代生活焦虑的煎熬，人们才越来越萌生出对新的全球公民生活的渴望。同时随着人类科学技术水平的提升，人类社会彼此之间越来越休戚相关，命运与共，直接刺激了人类社会全球意识的觉醒以及各种全球公民社会组织雨后春笋般的崛起。而人类命运共同体就是对此种发展趋势的回应，它以人们面对面所达成的交往共识为基础，以共同体内部的结构、信任和网络等社会资本为支撑，以重新恢复被抛弃、掩盖、扼杀的社会关系为内在使命，在包容、协商、对话和交往中重新达成全球共识。从这个意义上来说，人类命运共同体就是在遵循人的社会性原理前提下，通过恢复和重建人的公共空间和全球关系，构建以基础设施互联互通、国际产能合作和跨国人文交流为主要内容的全球公共空间和交往渠道，搭建起全球社会资本的桥梁和纽带。因此，人类命运共同体是对"单向度人"的反叛，面对大自然的挑战，它不是在统治逻辑和商业逻辑中展开社会公共生活，而是在共商、共建、共享的原则基础上展开的以关爱、互助、包容、共赢为基础的交往和治理秩序。

① 艾四林：《哈贝马斯》，长沙：湖南教育出版社，1999年。

第三节
中国智慧

作为一份思考人类文明和世界未来的"中国方案",人类命运共同体思想是扎根中国大地的中国智慧的产物,是古老中国智慧在全球化时代的创造性转化和创新性发展。人类命运共同体(Community of Shared Future for Mankind)思想的核心是分享(Share)。在中国几千年历史上,古老的智慧强调"天下一家","大道之行也,天下为公","民胞物与","协和万邦"。中国古典世界观与西方世界观存在很大差别,西方的世界观是"地中海"模式,中间是海洋,四方是陆地,世界秩序是陆地权力竞相争夺对海洋的控制,是一个分化的世界。中国的世界观是"海中地"模式,中间是陆地,四方是海洋,世界秩序是文化天下的秩序,恪守持中守正、天圆地方的想象,是一个和合的世界。在"海中地"模式里,天命—天下—家国是有机结合的整体。习近平对人类命运共同体思想作了新的创新和发展:在国内坚持"以人民为中心",坚持创新、协调、绿色、开放、共享五大理念,实现中华民族伟大复兴;在国际上坚持"以人类命运共同体"为目标,坚持持久和平、普遍安全、共同繁荣、开放包容、清洁美丽的世界,为人类作出更大贡献。具体来说,人类命运共同体所体现的中国智慧，主要包括以下三个方面。

一、整体论

在哲学史上，关于统一性和多样性的关系，一直是一个长期争论的哲学话题。作为一个超越国家、超越市场、超越公民社会的全球公共空间和公共生活，人类命运共同体抓住了世界的统一性。近代以来，受工业革命的影响，主流的哲学世界观更多强调了以专业、分工和交换为主要内容的资本主义逻辑。这一逻辑的前提假设是人是自私的，追求收益最大化，核心是为了维护和实现资本的利益尤其是欧美发达国家资本的利益，忽视了发展中国家的资本收益和多样化的社会利益，直接引发了世界范围内的冲突和战争、全球产能过剩和贫富分化、生态危机和气候变化以及南北鸿沟等诸多失衡现象。

与个体主义视角关注某一局部不同的是，中国智慧强调从整体主义视角关注全局。与西方国家强调公共产品的霸权供给思路不同，中国领导人将提供国际公共产品看作是中国实力提升后所必须承担的家国情怀、天下情怀和天命责任，是基于合作共赢基础上的利他主义逻辑。中国古人常说，"自古不谋万世者，不足谋一时；不谋全局者，不足谋一域。"其实，中国历来在哲学价值观上坚持整体论，强调整体思维和天下情怀，认为天下万物皆是相互滋养、共生共荣的关系。中国传统哲学价值观中的天人合一与整体论在精神上是高度契合的，尽管近代以来中华文明遭受西方文明的压抑，历经苦难，但中华文明的精神世界并没有发生根本变化。在全球化时代，习近平提出的人类命运共同体思想，也是追求天人合一、世界大同理想的产物，构建人类命运共同体是实现中华民族伟大复兴"中国梦"的合理延伸。

二、平衡论

无论是在自然界，还是在人类社会，受事物内部矛盾对立同一规律的制约，事物发展过程是平衡和不平衡的统一。事物发展的不平衡性无时不有，无处不在，这是矛盾的普遍性所决定的。当今世界的一个重要挑战就是世界的失衡，它是全球化发展的必然产物，尤其是进入 21 世纪以来，失衡现象越来越严重，比如全球产能过剩基础上的贫富分化、发达国家与发展中国家的差距拉大和信息鸿沟、跨境人口流动加速造成的难民危机和族群冲突、全球气候变化和生态破坏、全球医疗健康鸿沟和大规模传染病肆虐等。所有这些问题和挑战，从根本上都是全球化产生的社会弊端，全球化越往前发展，这些弊端表现得越突出。面对全球化带来的世界失衡，欧美发达国家普遍陷入困境。

发达国家在应对世界失衡上乏善可陈的重要原因，不仅在于其政策不力，更在于其哲学理念上的贫困。不同于西方文明中"主客体分离"的"二元论"和不平衡论，中国智慧历来尊崇物我相与、阴阳平衡、众生平等等平衡理念，主张将自己融于这世界之中，用非对象性的思维去领悟这个世界，讲究阴阳和谐、融合共生，共同存在于一个统一体之中。此种强调阴阳对立制约、阴阳互根互用、阴阳交感互藏的平衡论，是古老中国智慧的延续。在中国人的思维方式看来，中国的崛起不必然牺牲其他国家的利益，中国的发展也不能离开其他国家的发展，国家与国家之间是一种阴阳关系，此种阴阳和谐相处共同存在于一个有机体的哲学逻辑，决定了中国在处理国际事务上的防御态势和温和倾向。积极谋求"君子和而不同"的合作共赢逻辑符合中国五千多年的历史文化心理，这一点构成了独特的中国风格，也是构建人类命运共同体的认识论基础。人类命运共同体思想及其背后的平衡哲学，是谋求实现持久和平、共同

2018 年 7 月，以"构建安全共同体：平等、公平、正义"为主题的第七届世界和平论坛在北京举行。

繁荣的"中国智慧"，更是推动全球治理秩序向着公正合理方向发展的新全球化理念，必将开辟一个全球资源配置的新时代。

三、中道论

迄今为止绝大多数已经建立的国际合作机制，都离不开对不同文明和文化背景的依赖。无论是西方国家主导的诸多为人们熟知的国际制度和规范，还是非西方的穆斯林世界、非洲和拉美地区的合作机制，都必须将其放在传统的文明和文化框架内才能获得准确的理解。人类命运共同体思想的贡献在于确立了对不同文明的包容和谐的开放态度。

从方法论上，中国倡导的中庸之道与人类命运共同体的中道思维和包容精神是内在一致的。中庸强调中正平和、不偏不倚，认为过犹不及，追求"致中和，天地位焉，万物育焉"的"太平和合"境界。构建人类命运共同体，其最主要的方法论就是中道和包容。自中共十八大以来，中国提出了一系列新理念、新倡议和新观点，比如亲诚惠容的周边外交理念，互信、互利、平等、协商、尊重多样文明、谋求共同发展的"上海精神"，和平合作、开放包容、互学互鉴、互利共赢的丝路精神，共同、综合、合作、可持续的亚洲安全观以及义利并举、以义为先的正确义利观等，所有这一切都贯穿着中华文化的中庸之道，渗透到中国与世界关系的方方面面，凝练成为共商、共建、共享的全球治理观。

可见，人类命运共同体思想是一种以人为本的全球共同发展、共同安全和共同治理的中道思想，分别在人与国家、人与社会、人与自然和人与人的多重关系方面确立了对发展的本质、目的、内涵和要求等一系列环节的中道论观点。人类命运共同体的中道论为人类文明发展打开了广阔的空间，更看重双赢和共赢、模式多样和优势互补、协调对话与求同存异、全面开放与公正有效、扶助弱者和共同发展等价值取向，这也是人类命运共同体思想之所以强大的核心竞争力所在。

第四节
和平意义

在继承古老中国智慧的基础上，人类命运共同体思想的提出，不仅意味着中国探寻到一条实现中华民族伟大复兴的"民族复兴之路"，而且可能意味着整个世界找到了一条走出近代以来西方权力政治文化丛林的"文艺复兴之路"，一条通向持久和平、包容互鉴的和谐之路。

作为一种世界秩序的"中国方案"，构建人类命运共同体的历程不可能平坦，最主要的困难在于根深蒂固的现实主义权力政治观念，以及近代以来欧美主导世界的"西方中心主义"思维。近代以来欧美主导世界的格局使得"欧美方案"在当今世界仍颇有市场，人类命运共同体要想突破"欧美方案"，必须将中华文明与时代潮流相结合，推动不同文明在兼容并蓄、交流互鉴中释放新的发展活力，推进面向全球的"3G"外交，逐步开辟出一条中国特色的大国外交道路。

全球伙伴（Global Partnership）。随着中国全面融入国际社会，无论是推动新型国际关系还是构建人类命运共同体，均要求中国外交发展一种以我为主、面向全球的伙伴关系格局。中共十九大报告指出，"中国积极发展全球伙伴关系，扩大同各国的利益交汇点。"这一判断回答了中国与谁发展外交关系、发展什么样的外交关系，以及如何发展此种外交关系的问题。世界上的所有国家，不管地处何处，不管与中国存在什么样的差异，中国都愿意与之发展伙伴关系，积极扩大同各国的利益交汇点。

全球发展（Global Development）。开放带来进步，封闭必然落后。中国开放的大门不会关闭，只会越开越大。人类命运共同体思想强调共同体本位，是对西方中心论的超越，其着眼点是整个人类的现代化而不是某一部分人的现代化。对外开放是中国的一项基本国策，坚持互利共赢的开放战略，是新时代中国对外开放的基本方略。中共十九大报告指出，"中国坚持对外开放的基本国策，坚持打开国门搞建设"，其意在开创对外开放的"升级版"，推动形成全面开放新格局。

全球治理（Global Governance）。人类命运共同体强调超越时空束缚，以整体意识、全球思维和人类观念，构建共商、共建、共享的全球治理。全球治理体系是由全球共建共享的，不可能由哪一个国家独自掌握。中国全球治理观的核心是，全球范围内的众多事情大家一起商量着办，全球治理体系的规则和制度大家一起建设，由此产生的成果也由大家一起分享。

总之，作为一项国际公共产品，构建人类命运共同体思想在其建设路径上必须首先要突破"欧美方案"的霭雺云霭，将中华文明与时代潮流相结合，推动不同文明在兼容并蓄、交流互鉴中释放新的发展活力，以和平、发展、合作、共赢的理念来超越不同国家、不同民族和不同宗教之间的隔阂、纷争和冲突，建设一个更加包容、更加美好的世界。

第五章
总体安全观

　　和平首先意味着没有战争，如何避免战争，减少突发事件和血腥仇杀的发生，是建设消极和平的重要内容。一般来说，建设消极和平的渠道有外交、军备控制与裁军、国际组织与国际法、世界政府、宗教与道德约束等。

　　安全是人类社会永恒的问题，只要有人类社会和国家存在，就必然存在安全问题。近年来，中国崛起成为不可阻挡的历史趋势，引起了邻国和国际社会一定程度的不安和猜忌。如何认识和谨慎处理因为中国崛起而可能导致的安全困境问题，是中国国家安全理论研究面对的一个重大课题。适应冷战后安全问题变化的新特点，中国意识到没有一个国家能够凭一己之力谋求自身绝对安全，也没有一个国家可以从别国的动荡中收获稳定。因此，中国强调坚持走和平发展道路，树立共同、综合、合作、可持续的安全观，共同营造公道正义、共建共享的安全格局。这是中国在建设消极和平方面对世界贡献的中国方案，必将对推动世界安全治理产生重大而深远的影响。

第一节
提出背景

"安而不忘危，存而不忘亡，治而不忘乱。"当今世界正处于大发展大变革大调整时期，各国内外互动频繁，安全的内涵和外延大大拓展，各种可以预见和难以预见的风险和挑战急剧增加，国家安全和国际安全的压力日益加大。人类面临许多共同挑战，没有哪个国家能够置身事外、独善其身，妄自尊大或独善其身只能四处碰壁。在这一变动不居的时代背景下，如何适应安全形势和安全特性的变化，与时俱进地确立正确的安全观，并以此为指导创新安全战略和安全方案，直接决定着当今世界的前途和命运。

一般认为，安全观是一个国家对安全问题的思想认识，它反映了一个国家对于何谓安全、谁的安全、威胁来源、实现手段等问题的综合认识和理解[①]。安全观是一个国家在制定和推行对外战略和具体政策，维护国家安全过程中形成的对安全问题的认识、观点、态度等观念和理论

---

① 一些学者将安全观归纳为核心价值（core value）、指涉对象（referent object）、威胁类型（type of threats）及获得安全的途经。参见陈欣之：《国际安全研究之理论变迁与挑战》，《（台北）远景基金会季刊》，2003，4（3）。

体系的总和，其影响因素是多方面的，既包括特定时代背景和客观社会环境比如国际体系和国际战略格局、地缘政治状况等影响因素，也包括国内社会制度、意识形态、党派等因素对国家利益追求和安全要求的影响，还包括特定的哲学或文化经验、历史传统和思维方式等主观因素的影响。安全观往往不是一成不变的，而是随着时代的变迁、安全环境和威胁的变化、影响因素的变动而处于动态的调整过程之中。

2012年中共十八大以来，在极为复杂的国际环境下，中国国家安全的内涵和外延比历史上任何时候都要丰富，时空领域比历史上任何时候都要宽广，内外因素比历史上任何时候都要复杂。以习近平同志为总书记的新一届中央领导集体，以全新的理念认识国家安全，以全局的视角定位国家安全，以整体的思路规划国家安全，逐步形成了"总体国家安全观"，开拓了和平思想的新境界。

2014年4月15日，习近平总书记在主持召开中央国家安全委员会第一次会议时，首次明确提出总体国家安全观，强调必须坚持总体国家安全观，以人民安全为宗旨，以政治安全为根本，以经济安全为基础，以军事、文化、社会安全为保障，以促进国际安全为依托，走出一条中国特色国家安全道路。习近平总书记指出，贯彻落实总体国家安全观，必须既重视外部安全，又重视内部安全，对内求发展、求变革、求稳定，建设平安中国，对外求和平、求合作、求共赢，建设和谐世界；既重视国土安全，又重视国民安全，坚持以民为本、以人为本，坚持国家安全一切为了人民、一切依靠人民，真正夯实国家安全的群众基础；既重视传统安全，又重视非传统安全，构建集政治安全、国土安全、军事安全、经济安全、文化安全、社会安全、科技安全、信息安全、生态安全、资源安全、核安全等于一体的国家安全体系；既重视发展问题，又重视安全问题，发展是安全的基础，安全是发展的条件，富国才能强兵，强兵

2014 年 5 月，亚洲相互协作与信任措施会议第四次峰会在上海召开。图为中国国家主席习近平和亚信倡议国哈萨克斯坦总统纳扎尔巴耶夫、亚信上届主席国土耳其总统特别代表、外长达乌特奥卢共同会见记者。

才能卫国；既重视自身安全，又重视共同安全，打造命运共同体，推动各方朝着互利互惠、共同安全的目标相向而行。

总体国家安全观提出后，习近平主席利用多个国际场合向国际社会阐释总体国家安全观指导下的国际安全观。2014 年 5 月，在上海举行的亚洲相互协作与信任措施会议第四次峰会上，习近平主席运用总体国家安全观的思想，针对亚洲安全形势的特点，首次提出倡导共同、综合、合作、可持续安全的亚洲安全观，创新安全理念，搭建地区安全合作新架构，努力走出一条共建、共享、共赢的亚洲安全之路。这一安全观得到与会各国代表的普遍认同，并写入当年的《上海宣言》。2015 年 9 月，习近平主席在联合国大会一般性辩论的讲话中又将这一安全观提升到全球的高度，提出要摒弃一切形式的冷战思维，树立共同、综合、合作、可持续安全的新观念。中国发布的关于联合国成立 70 周年的立场文件也明确提出了这一点。2016 年 9 月，习近平主席在二十国集团工商峰会开幕式上发表讲话时进一步强调，抛弃过时的冷战思维，树立共同、综合、合作、可持续的新安全观是当务之急。2017 年 1 月，习近平主席在联合国日内瓦总部发表了题为《共同构建人类命运共同体》的主旨演讲，主张为建设一个普遍安全的世界，各方应该树立共同、综合、合作、可持续的安全观，从而使总体国家安全观成为共建人类命运共同体的有机组成部分。

显然，总体国家安全观和共同、综合、合作、可持续安全观的提出，充分体现了中国共产党人居安思危的执政理念。随着中国改革进入攻坚阶段，发展处于关键时期，发展与安全之间的关系日益紧密，发展离不开安全，安全也离不开发展， 总体国家安全观释放出了中国人国崛起过程中对世界和平、发展的美好期待，释放出了保护国家、保护人民的强烈信号，释放出了实现国家总体安全发展的强烈决心。

第二节
主要内涵

　　统筹发展和安全，增强忧患意识，做到居安思危，是中国共产党治国理政的一个重大原则。总体国家安全观的提出，标志着中国大安全格局的形成。具体来说，总体国家安全观包括以下四个方面的要求：

　　一是坚持总体安全的框架。总体安全观的基础是总体性，即强调坚持统筹安全和发展两件大事。在总体安全观看来，发展与安全是一体之两翼，驱动之双轮。在推进国家安全工作过程中，既重视发展问题，又重视安全问题，真正实现发展不停步，安全不懈怠。一方面，发展是安全的基础，坚持发展是解决中国一切问题的关键，要注重增强发展的全面性、协调性和可持续性，从源头上预防和减少安全问题的发生，真正将安全建立在可持续发展基础上。另一方面，安全是发展的条件，富国才能强兵，强兵才能卫国，要真正构筑好安全堤坝，为可持续发展保驾护航。

　　二是坚持以人民为中心的理念。总体国家安全观是以人民为中心的国家安全观，是人民安全、政治安全、国家利益至上的有机统一。其中，人民安全是国家安全的宗旨，政治安全是国家安全的根本，国家利益至上是国家安全的准则。以人民安全为宗旨，就是坚持以人民为中心，维护人民根本利益，国家安全一切为了人民、一切依靠人民，把民众安全与国家安全有机统一在一起，真正夯实国家安全的群众基础。以政治安全为根本，就是坚持中国共产党的领导和中国特色社会主义制度不动摇，把制度安全、政权安全放在首位，为国家安全提供坚强的政治保证。以国家利益至上为准则，就是强化捍卫国家利益的底线思维，创新捍卫国家利益的方式方法，坚决捍卫国家的核心利益和正当权益。习近平总书记强调，"国家安全工作归根结底是保障人民利益，要坚持国家安全一切为了人民、一切依靠人民，为群众安居乐业提供坚强保障。"

三是坚持系统安全的内涵。总体国家安全观是全方位覆盖的系统安全观，致力于构建集政治安全、国土安全、军事安全、经济安全、文化安全、社会安全、科技安全、信息安全、生态安全、资源安全、核安全等 11 种安全于一体的国家安全体系。新时代的国家安全，既要解决好大国发展过程中面对的共同安全问题，也要处理好中华民族伟大复兴面临的特殊安全问题，真正做到国家利益延伸到哪里，安全保障就跟进到哪里，为国家发展创造良好外部安全环境。

四是坚持统筹协调的方法。总体国家安全观是全面和统筹的国家安全观，充分调动起各方面的积极性，形成维护国家安全的强大合力。统筹好外部安全和内部安全，既重视外部安全，又重视内部安全，对内求发展、求变革、求稳定，建设平安中国，对外求和平、求合作、求共赢，建设和谐世界；统筹好国土安全和国民安全，坚持以民为本，以人为本，坚持国家安全一切为了人民，一切依靠人民，真正夯实国家安全的群众基础；统筹好传统安全与非传统安全，既重视传统安全，又重视非传统安全，构建集政治安全、国土安全、军事安全、经济安全、文化安全、社会安全、科技安全、信息安全、生态安全、资源安全、核安全等 11 种

2018 年 9 月 26 日，联合国安理会举行维护国际和平与安全问题公开会，中国国务委员兼外长王毅出席会议并发言。

安全于一体的国家安全体系；统筹自身安全与共同安全，既重视自身安全，又重视共同安全，打造命运共同体，推动各方朝着互利互惠、共同安全的目标相向而行。

在总体国家安全观思想指导下，习近平主席提出的共同、综合、合作、可持续的安全观，是在总结二战后特别是 21 世纪以来人类社会在国际安全、国际政治、国际战略问题上的经验教训基础上提出的中国方案。它是当代中国根据国内国际安全形势发展变化、站在构建可持续发展与可持续安全的人类命运共同体的高度提出的重要思想，也是对和平共处五项原则的继承和发展。具体来说，这一方案包括四个层面：

共同安全，就是要尊重和保障每一个国家的安全。安全应当是普遍的、平等的、包容的。不能一部分国家安全而另一部分国家不安全，更不能牺牲别国安全谋求自身所谓绝对安全。实现共同安全就要恪守尊重主权、独立和领土完整以及互不干涉内政等国际关系基本准则，尊重各国自主选择的社会制度和发展道路，尊重并照顾各方合理安全关切。

综合安全，就是要统筹维护传统领域和非传统领域安全。通盘考虑地区安全问题的历史经纬和现实状况，多管齐下、综合施策，协调推进地区安全治理。既着力解决当前突出的安全问题，又统筹谋划应对各类潜在安全威胁。

合作安全，就是要通过对话合作促进各国和本地区安全，以和平方式解决争端。通过坦诚深入的对话沟通，增进战略互信，减少相互猜疑，求同化异、和睦相处。着眼共同挑战，积极培育合作应对意识，不断扩大合作领域、创新合作方式，以合作谋和平、以合作促安全。

可持续安全，就是要坚持发展和安全并重以实现持久安全。各方应聚焦发展主题，积极改善民生，缩小贫富差距，不断夯实安全的根基。安全的基础是发展，安全的目的也是为了更好的发展，只有将安全与发展结合起来，安全才有强有力的保证。要推动共同发展和区域一体化进程，推动区域经济合作和安全合作良性互动、齐头并进，以可持续发展促进可持续安全。

面对动荡不安的国际安全形势，一些国家抱持冷战思维与零和博弈思维，主张实力至上的绝对安全，把自身安全建立在牺牲别国安全的基础上，导致国际安全领域合作意向下降、竞争因素上升。在这种形势下，中国致力于推动世界和平与发展，倡导总体国家安全观和共同、综合、合作、可持续的国际安全观，实现了安全理念的创新和发展，促进各国合作解决安全问题，在和平共处五项原则基础上，为国际安全合作提供了科学理念与可行方案。

第三节
安全方案

中国是总体国家安全观和共同、综合、合作、可持续安全观的倡导者，也是积极实践者。近年来，中国在一系列地区和国际安全热点问题上提出了更多中国方案，稳步推进区域经济合作，大力倡导不结盟、不对抗、不针对其他国家和地区的安全合作模式，中国在世界事务中的和平使者角色越来越清晰，受到各国人民的高度评价。

一、创建上海合作组织

中国的新安全观是从创建上海合作组织的实践中总结提升的。1996年4月26日，中、俄、哈、吉、塔五国元首在上海举行首次会晤，协商解决冷战期间遗留下来的边界问题，在中亚地区猖獗的国际恐怖主义、民族分离主义和宗教极端主义对各国的安全威胁问题，以及非法贩卖武器、毒品和非法移民等犯罪活动问题，启动了上海五国合作机制。在上海五国合作机制的成功实践中，中国总结出了新形势下维护国际安全的一系列新主张。1997年4月23日，在上海合作机制五国元首签署《在边境地区相互裁减军事力量的协定》的前一天，江泽民在俄罗斯联邦国家杜马发表演讲，向世界阐明了中国关于维护国际安全的基本主张，并阐述了倡导新安全观的重要意义，指出"五国将要签署的裁减军事力量协定，就充分体现出完全不同于冷战思维的一种新的安全观，对于增进国与国之间的友好与信任、维护地区和世界和平，将会提供有益的启示和开辟新的途径"①。同日，中俄签署《中俄关于世界多极化和建立国际新秩序的联合声明》，双方一致主张确立新的具有普遍意义的安全观："双方认为必须摈弃冷战思维，反对集团政治，必须以和平方式解决国家之间的分歧或争端，不诉诸武力或以武力相威胁，以对话协商促进相互了解和信任，通过双边、多边协调合作寻求和平与安全。"这是上海五国首次倡导摈弃冷战思维，寻求合作安全的安全观。与此同时，中国和俄罗斯在两国关系发展中探索建立不结盟、不对抗、不针对第三国的战略协作伙伴关系的实践，特别是两国在此框架内妥善解决了长期束缚两国关系发展的边界划定问题，也为新安全观的确立提供了强大的动力。另外，1997年亚洲金融危机爆发，推动中国开始重视经济安全和金融安全问题，在理论上和实践中都对国家安全概念内涵的扩大有了深刻的认识和体验，新安全观的诞生呼之欲出。

自2001年成立②以来，上海合作组织创造性地提出并始终践行互信、互利、平等、协商、尊重多样文明、谋求共同发展的"上海精神"，构建起不结盟、不对抗、不针对第三方的建设性伙伴关系，开创了区域合作新模式。2018年6月10日，上海合作组织成员国元首理事会第十八

---

① 江泽民：《为建立公正合理的国际新秩序而共同努力——在俄罗斯联邦国家杜马的演讲》，《人民日报》1997年4月24日。

② 1996年4月26日和1997年4月24日，五国元首先后在上海和莫斯科举行会晤，分别签署了《关于在边境地区加强军事领域信任的协定》和《关于在边境地区相互裁减军事力量的协定》。2001年6月15日，五国连同乌兹别克斯坦在上海宣布，成立永久性政府间国际组织——上海合作组织。

2018 年 6 月 10 日，上海合作组织成员国元首理事会第十八次会议在山东青岛举行，这是上合组织扩员后的首次峰会。

次会议在青岛举行，这次峰会是上海合作组织实现扩员以来举办的首次峰会。迄今为止，上海合作组织拥有中国、俄罗斯、哈萨克斯坦、吉尔吉斯斯坦、塔吉克斯坦、乌兹别克斯坦、巴基斯坦和印度等八个成员国，阿富汗、白俄罗斯、伊朗、蒙古国等四个观察员国，以及阿塞拜疆、亚美尼亚、柬埔寨、尼泊尔、土耳其和斯里兰卡等六个对话伙伴国，经济和人口总量分别占到全球的 20% 和 40% 以上，成为当今世界幅员最广、人口最多的综合性区域组织，已建立起国家元首、总理、总检察长、安全会议秘书、外交部长、国防部长、经贸部长、文化部长、交通部长、紧急救灾部门领导人、国家协调员等会议机制，设立了秘书处和地区反恐怖机构两个常设机构。在中国外交尤其是中亚区域外交中，上海合作组织居于十分重要的地位。

在上海合作组织框架内，中国与各成员通过联合举行"和平使命"

的双边和多边军事演习，加强区域安全合作。自 2003 年以来，每年都会举行多边军事演习，以提高应对突发事件的能力。

二、推动建立地区安全对话和安全机制

中国在新安全观的指导下，积极推动安全对话与安全机制建设。在边界问题上，中国通过和平谈判的手段解决与邻国争议。目前中国已同绝大多数周边国家解决了陆地边界问题，同越南签署了北部湾划界协定，与东盟就制订《南海地区行为准则》保持磋商。针对未决争议问题，中国与有关各方就在争议地区保持和平稳定、通过和平手段解决问题达成共识。领土、领海争议已不再是中国与周边国家开展正常合作、发展睦邻关系、共筑地区安全的障碍。尤其是近年来在朝鲜核问题上，中国积极促进安全对话和安全机制建设，安全对话与安全机制建设越来越得到国际社会的承认，成为解决国际争端和纠纷的大势所趋。中国正与国际社会一道努力走出共建、共享、共赢、共护的安全新路。

一是直面安全挑战，主动贡献中国智慧和中国方案。面对一些争端和摩擦引发的安全问题，中国坚持和平发展的方针，牢牢把握维护地区和平稳定的大局，特别是牢牢把握地区共同利益，不断扩大彼此利益交汇点，不失时机地搭建和平发展的大舞台，构建维护和平发展的合作机制，打造周边和平发展区。在一些热点和难点问题上，敢于贡献中国智慧，从维护区域稳定大局的高度，致力于通过对话与协商解决问题，推动建立地区和平对话机制、地区安全机制和危机管理机制，防止争端冲突升级，局势恶化失控。尤其是面对朝鲜半岛一度紧张的局势，中方提出了"双暂停"和"双轨并进"的倡议，获得了各方面的支持。2017 年 3 月 8 日，外交部长王毅在"两会"记者会上表示，为应对半岛危机，中方的建议

自 2013 年起，中国陆续在上海、广东、辽宁、海南等 12 个省市设立了自由贸易试验区。图为中国（上海）自由贸易试验区。

是，作为第一步，朝鲜暂停核导活动，美韩也暂停大规模军演。通过"双暂停"，摆脱目前的"安全困境"，使各方重新回到谈判桌前来。之后，按照"双轨并进"思路，将实现半岛无核化和建立半岛和平机制结合起来，同步对等地解决各方关切，最终找到半岛长治久安的根本之策。

二是打造周边地缘经济圈，巩固可持续发展的基础。强劲的中国经济和社会发展势头，是中国推动区域安全架构的优势资源。中国在加快国内经济体制改革的基础上，统筹国内发展与对外开放，打造周边地缘经济圈，形成横贯东中西、联结南北方的对外经济走廊。加快推进以亚洲地区为基础的"自由贸易区"战略和以基础设施互联互通为基础的"一带一路"倡议，加快建立中国（上海）自由贸易试验区，选择若干具备条件地方发展自由贸易园（港）区，统筹经济、贸易、科技、金融等方面资源，扩大与周边国家在贸易、投资领域的合作空间，构建区域经济一体化新格局，推进共同繁荣的亚洲经济体系。

三是打造周边共同安全圈，着力推进区域安全合作。中国将在正确义利观指导下，坚持互信、互利、平等、协作的新安全观，睦邻友好，守望相助，统筹国内安全和国际安全，推进同周边国家的安全合作，积

2018年10月18日，中国—菲律宾南海问题双边磋商机制（BCM）第三次会议在北京举行。

极提供区域安全公共产品，打造周边共同安全圈。中国重视发挥劝谈促合角色，在谋求朝鲜半岛局势缓和、推进领土争端和解、加强中外军事交流等问题上，积极谋求与周边国家在传统安全领域中的合作。此外，中国重视承担积极有为的大国责任，大力开展反恐、维和、打击海盗、岛屿安全、海上磋商、联合搜救、增信释疑等内容的军事外交。比如在南海问题上，2014年11月13日，国务院总理李克强在东亚峰会上提出了处理南海问题"双轨思路"，即有关具体争议由直接当事国通过谈判和协商解决，南海和平稳定由中国和东盟国家共同加以维护。中方同意积极开展磋商，在协商一致基础上早日达成"南海行为准则"，努力让南海成为造福地区各国人民的"和平之海""友谊之海""合作之海"。这一方案不回避矛盾，直面现实问题，获得了东盟国家的理解和支持。

第四节
和平意义

当今世界正在经历重大而深刻的变革，全球和平与安全面临诸多复杂挑战。21 世纪的人类社会不能再把丛林法则视为天经地义，不能借口确保本国安全而损害别国安全，那是一种不文明的、落后的思维方式。诚如习近平主席所说，"明者因时而变，知者随事而制。形势在发展，时代在进步。要跟上时代前进步伐，就不能身体已进入 21 世纪，而脑袋还停留在冷战思维、零和博弈的旧时代。"[①] 面对共同挑战，人类需要携手应对。中国提出的总体国家安全观和共同、综合、合作、可持续的安全观，对当今世界的安全环境作出了全新的判断，对维护安全的原则和机制作出了重要调整，打开了国家安全研究的广阔空间，推动了战略机遇期理论、安全对话理论、共同安全理论、合作安全理论、安全机制理论以及多边安全理论研究的发展。中国还身体力行地推进新安全观的实践，致力于寻求安全利益的最大公约数，既让自己安全，也让别人安全，

---

① 习近平：《积极树立亚洲安全观 共创安全合作新局面——在亚洲相互协作与信任措施会议第四次峰会上的讲话》，新华网 2014 年 5 月 21 日，http://www.xinhuanet.com/world/2014-05/21/c_1110796357.htm。

超越零和思维，以和平方式解决争端，通过对话沟通增进互信。中国新安全观顺应了全球化时代的发展要求，符合中国和平发展的需要，是一种具有光明前途和强劲生命力的安全理念，必将推动安全理论研究达到一个新高度。

一是有助于发展和深化历史机遇期理论。中国的新安全观是建立在对当前国际安全环境正确评估基础之上的，对于深化历史机遇期理论具有重要意义。党的十九大报告强调："当前，国内外形势正在发生深刻复杂变化，我国发展仍处于重要战略机遇期，前景十分光明，挑战也十分严峻。"2018 年 1 月 5 日，在学习贯彻党的十九大精神研讨班开班式上，习近平总书记在"战略机遇期"的基础之上提出"历史机遇期"，强调指出"我国正处于一个大有可为的历史机遇期"。在这大有可为的历史机遇期，中国正在成为世界经济增长的主要动力源和稳定器，成为世界和平发展、人类文明进步的重要维护者和推动者。因此，如何把握未来三十年的历史机遇期，成为指导我们的安全战略与发展战略的基本考虑之一，这也是安全理论发展的重要标志。

二是有助于为世界和平贡献更多中国智慧。中国新安全观在安全目标和任务上除了防止外敌入侵、维护领土主权完整等传统安全内容外，重点对打击恐怖主义、跨国犯罪等非传统安全领域予以关注。近年来，在新安全观的主导下，中国本着互惠互利、共同发展的原则，改革和完善现有国际经济与金融组织，把加强经济交流与合作作为营造周边持久安全的重要途径，积极参与各种形式的地区经济合作，与本地区各国共同努力推动形成多渠道、多层次、多形式经济合作新局面，寻求共同繁荣。中国的新安全观推动着以往的可分离安全观、竞争性安全观、狭窄式安全观与相对安全观不断向普遍、合作、综合与制度型安全观转变。这一转变带来了一系列安全理论研究的新课题，代表着未来人类发展方向，

2018年11月9日，中国作为安理会当月轮值主席在纽约联合国总部举行主题为"维护国际和平与安全：加强多边主义和联合国作用"的公开辩论。

通过对这些课题的研究，必将拓展安全理论的新视野和新领域，为国际和平与安全贡献更多中国智慧和中国方案。

三是有助于推进全球多边安全治理体系改革。新安全观的协作原则和互信原则强调了"建立信任措施"（CBM）和"多边安全"的极端重要性。在全球化时代，面对共同的安全威胁，必须根据公正、全面、合理、均衡的原则，在各国普遍参与的基础上，实行有效的裁军和军控，防止大规模杀伤性武器扩散，维护现有国际军控与裁军体系，不搞军备竞赛。多边主义安全观将成为全球化时代实现安全的重要途径和主要形式。

总之，不论国际形势如何变幻，我们要保持战略定力、战略自信、战略耐心，坚持以全球思维谋篇布局，坚持统筹发展和安全，坚持底线思维，坚持原则性和策略性相统一，把维护国家安全的战略主动权牢牢掌握在自己手中。这是维护和平的可靠保障。

第六章
全球治理观

防止战争是建设真正和平局面的必要条件，但不是充分条件。尤其是进入 21 世纪后，全球共同挑战日益增多，贫困、难民、健康、环境、人权、歧视等形形色色的全球性挑战越来越成为威胁世界和平的重要因素。因此，约翰·加尔通重视积极和平，更深入地反思人与人以及人与地球之间的关系。2015 年 9 月 25 日，联合国可持续发展峰会在纽约总部召开，193 个成员国在峰会上正式通过 17 个可持续发展目标，旨在于 2015 年到 2030 年间以综合方式彻底解决社会、经济和环境三个维度的发展问题，首要目标是在世界每一个角落永远消除贫困，进而推动世界转向可持续发展道路。

面对全球性挑战，习近平总书记强调，中国秉持共商、共建、共享的全球治理观，倡导国际关系民主化，坚持国家不分大小、强弱、贫富一律平等，支持联合国发挥积极作用，支持扩大发展中国家在国际事务中的代表性和发言权。中国将继续发挥负责任大国作用，积极参与全球治理体系改革和建设，不断贡献中国智慧和力量。这是中国对建设积极和平的重要方案，也是中国对世界和平的重要贡献。

第一节
提出背景

近年来，随着全球化进程的加快，关于"治理"的研究在世界各国方兴未艾，"治理"的内涵与外延进一步扩展，演化出了"全球治理"（global governance）的概念，日益引起国际社会的关注①。全球治理范式的主要创始人是美国学者詹姆斯·罗西瑙（James N. Rosenau）。他在其代表作《没有政府的治理》（1995年）和《21世纪的治理》（1995年）中，将治理定义为一系列活动领域里的管理机制，它们虽未得到正式授权，却能有效发挥作用。②1992年，一群国际知名人士发起成立了全球治理委员会，在1995年的报告中将全球治理界定为"各种各样的个人、团体——公共的或者私人的——处理其共同事务的综合。这是严格持续的过程，通过这一过程，各种互相冲突的和不同的利益可望得到调和，并

---

① "治理"一词最早在20世纪80年代初开始不规则地使用，20世纪90年代以来日益流行。

② 詹姆斯·罗西瑙主编：《没有政府的治理》，张胜军等译，南昌：江西人民出版社，2001年；俞可平主编：《全球化：全球治理》，北京：社会科学文献出版社，2004年。

采取合作行动"①。因此，全球治理应该是一个规范的系统，主张所谓"没有政府的治理"，就是一个由共同的价值观和共同的事业来指导的管理体系，它通过共识建立权威，治理靠的是体现着共同目标的主动精神。

中国共产党在领导中国参与全球事务的过程中，也日益关注全球治理问题。从根本上来说，全球治理对于中国是一个舶来品。中国对待全球治理的态度，经历了三个发展阶段。

第一个时期：拒绝参与全球治理

1949 年新中国成立后，中国一改过去的屈辱外交，走上了独立自主的外交道路。国际共产主义的世界革命理念与中国传统天下观的结合，造成了当时中国以较弱的国家实力提供国际公共产品，形成了以支援世界革命为主要内容的革命外交。1950 年，中国领导人指出，"用一切可能的方法去援助亚洲各被压迫民族中的共产党和人民争取他们的解放，乃是中国共产党与中国人民不可推卸的国际责任。"②1955 年万隆会议后，中国对外援助的范围从周边社会主义国家扩展到了亚洲、非洲的社会主义国家和民族国家③。

在这一发展阶段，中国对于接受全球治理基本上持消极态度。对于加入联合国，中国起初并不积极，认为不加入也不坏，慢点好。④虽

① 卡尔松、兰法尔：《天涯成比邻 ——全球治理委员会的报告》，赵仲强译，北京：中国对外翻译出版公司，1995 年，第 2 页。

② 刘崇文、陈绍畴主编：《刘少奇年谱 1898—1969》（下卷），北京：中央文献出版社，1996 年，第 256 页。

③ 包括蒙古、阿尔巴尼亚、匈牙利等社会主义国家以及柬埔寨、尼泊尔、也门、缅甸、埃及、阿尔及利亚、几内亚等民族主义国家。

④ 中华人民共和国外交部、中共中央文献研究室：《毛泽东外交文选》，北京：中央文献出版社、世界知识出版社，1994 年，第 264—272 页。

1971 年 10 月，第 26 届联合国大会恢复中华人民共和国在联合国的合法席位。图为激动的中国代表团成员。

然在 1971 年，中国恢复了在联合国、国际民航组织的合法席位，并于 1972 年恢复了在世界卫生组织的席位，但是中国更多地是把这些国际组织作为外交阵地，并未积极参与全球治理。

第二个时期：部分参与全球治理

十一届三中全会以后，在对待全球治理的态度上，中国采取了选择性参与的态度。以 1980 年重返国际货币基金组织和世界银行为标志，中国加快了参与全球治理的进程，几乎加入了所有的政府间国际组织，在联合国、世界贸易组织、国际货币基金组织、世界银行等国际组织中

2001 年 12 月，中国正式加入世界贸易组织（WTO），标志着中国正式成为世界经济体系的一个重要组成部分。图为 2001 年 11 月 11 日，中国政府代表签署《中国加入世界贸易组织议定书》。

的作用越来越大，成为全球治理的一支重要力量。

在全球治理问题上，中国日益明确了基本态度和立场。以和平共处五项原则为基础，中国在全球治理问题上确立了若干原则：一是坚持互相尊重主权和领土完整、互不侵犯、互不干涉内政；二是坚持用和平方式处理国际争端；三是坚持世界各国主权平等；四是坚持尊重各国国情、求同存异；五是坚持互利合作、共同发展。[1] 在国务院新闻办 2005 年发表的《中国的和平发展道路》白皮书中，将全球治理体系概括为应该是民主的世界、和睦的世界、公正的世界、包容的世界。具体来说，在政治上，坚持民主平等，实现协调合作；在安全上，坚

---

[1]　江泽民：《发展中欧友好合作，推动建立国际新秩序》，《人民日报》1999 年 3 月 28 日。

持和睦互信，实现共同安全；在经济上，坚持公正互利，实现共同发展；在文化上，坚持包容开放，实现文明对话，积极促进国际秩序向公正合理方向发展。①

第三个时期：推动全球治理转型

党的十八大之后，在内外因素的共同作用下，中国日益明确自身是负责任、敢担当的国家，形成了共商、共建、共享的全球治理观，在继续坚持和平发展道路的同时，越来越强调捍卫国家核心利益，提供更多国际公共产品。2013 年 1 月 28 日，习近平总书记在中央政治局第三次

2015 年 9 月 26 日，习近平主席在纽约联合国总部出席联合国发展峰会并发表题为《谋共同永续发展 做合作共赢伙伴》的重要讲话。

---

① 国务院新闻办公室：《中国的和平发展道路》，中国政府网 2005 年 12 月 22 日，http://www.gov.cn/zwgk/2005-12/22/content_134060.htm。

集体学习时指出，"我们要坚持走和平发展道路，但绝不能放弃我们的正当权益，绝不能牺牲国家核心利益。任何外国不要指望我们会拿自己的核心利益做交易，不要指望我们会吞下损害我国主权、安全、发展利益的苦果。"[①] 在东海防空识别区、钓鱼岛争端、南海争端、网络安全等一系列外交事件中，这一点都得到突出的强调。2014 年 6 月，习近平主席在中阿合作论坛讲话时首次明确提出，中国要提供国际公共产品。中国在外交实践中陆续独立或与其他国家合作提供了金砖国家新开发银行和应急储备安排、亚洲基础设施投资银行、"一带一路"及丝路基金、亚洲金融合作协会等国际公共产品。

---

① 《习近平：更好统筹国内国际两个大局 夯实走和平发展道路的基础》，人民网 2013 年 1 月 30 日，http://theory.people.com.cn/n/2013/0130/c40531-20370765.html。

第二节
主要内涵

随着中国在国际舞台的影响力日益壮大，中国越来越强调参与和推动全球治理转型。党的十八大以来，以习近平同志为核心的新一代中央领导集体多次强调推动全球治理改革，先后两次举办关于全球治理专题的政治局集体学习，多次举办重大主场外交活动，在联合国、二十国集团领导人峰会、金砖国家领导人峰会、亚信峰会、上海合作组织峰会、亚太经合组织峰会等多个场合阐述中国对全球治理的主张。

2013 年 3 月，习近平在就任中国国家主席后首次出访前夕接受金砖国家媒体联合采访时，就谈到了全球治理。他说："全球经济治理体系必须反映世界经济格局的深刻变化，增加新兴市场国家和发展中国家的代表性和发言权。"同时，他指出，"这种改革并不是推倒重来，也不是另起炉灶，而是创新完善。"在 2013 年 3 月南非德班举行的金砖国家领导人第五次会晤上，习近平主席讲到，"不管全球治理体系如何变革，我们都要积极参与，发挥建设性作用，推动国际秩序朝着更加公正合理的方向发展，为世界和平稳定提供制度保障。"

2013 年 11 月 12 日，党的十八届三中全会审议并通过了《中共中央关于全面深化改革若干重大问题的决定》，首次在中央文件中提出，推进国家治理体系和治理能力现代化，明确提出在未来经济发展中要发挥市场在资源配置中的决定性作用，并围绕坚持党的领导、人民当家作主、依法治国有机统一深化政治体制改革。显然，在中国看来，治理不仅是包括全球治理，也包括国家治理、社会治理，是一个治理体系。

在思考推进国家治理体系和治理能力现代化问题的过程中，中国逐步明确了全球治理的理念。2014 年 12 月，中共中央政治局就加快自由贸易区建设进行集体学习时，习近平总书记说，"加快实施自由贸易区战略，是我国积极参与国际经贸规则制定、争取全球经济治理制度性权力的重要平台，我们不能当旁观者、跟随者，而是要做参与者、引领者，善于通过自由贸易区建设增强我国国际竞争力，在国际规则制定中发出更多中国声音、注入更多中国元素，维护和拓展我国发展利益。"2015 年 9 月 22 日，在对美国进行国事访问前夕，习近平主席接受《华尔街日报》书面采访时说，"全球治理体系是由全球共建共享的，不可能由哪一个国家独自掌握。中国没有这种想法，也不会这样做。"具体到中美两国在全球治理中的角色，习近平主席强调，"中美在全球治理领域有着广泛共同利益，应该共同推动完善全球治理体系。这不仅有利于双方发挥各自优势、加强合作，也有利于双方合作推动解决人类面临的重大挑战。"

2015 年 10 月 12 日，中共中央政治局专门就全球治理格局和全球治理体制进行集体学习，习近平总书记发表重要讲话，系统阐明了中国推动全球治理体制改革的新理念和总体指导思想。他强调，"随着全球性挑战增多，加强全球治理、推进全球治理体制变革已是大势所趋。这不仅事关应对各种全球性挑战，而且事关给国际秩序和国际体系定规则、定方向；不仅事关对发展制高点的争夺，而且事关各国在国际秩序和国际体系长远制度性安排中的地位和作用。"因此，中国参与全球治理的根本目的，就是服从服务于实现"两个一百年"奋斗目标、实现中华民族伟大复兴的"中国梦"。要审时度势，努力抓住机遇，妥善应对挑战，统筹国内国际两个大局，推动全球治理体制向着"更加公正合理"方向发展，为中国发展和世界和平创造更加有利的条件。习近平总书记强调，应积极发掘中华文化中积极的处世之道和治理理念同当今时代的"共鸣点"，继续丰富打造"人类命运共同体"等主张，弘扬"共商、共建、共享"的全球治理理念。在几天后召开的中共十八届五中全会的公报中，出现了这样一句引人关注的话："积极参与全球经济治理和公共产品供给，提高我国在全球经济治理中的制度性话语权，构建广泛的利益共同体。"显然，推动全球治理转型已经成为中国维护世界和平和促进共同发展的大战略。

2015 年 12 月 1 日，中国正式接任二十国集团（G20）主席国，

2016 年 9 月 4 日，二十国集团领导人第十一次峰会在浙江省杭州市举行，峰会主题为"构建创新、活力、联动、包容的世界经济"。

习近平主席在发表的致辞中提出二十国集团应当努力的方向，"我们要树立人类命运共同体意识，推进各国经济全方位互联互通和良性互动，完善全球经济金融治理，减少全球发展不平等、不平衡现象，使各国人民公平享有世界经济增长带来的利益。"2016年7月1日，在庆祝中国共产党成立95周年大会上，习近平总书记说，"什么样的国际秩序和全球治理体系对世界好、对世界各国人民好，要由各国人民商量，不能由一家说了算，不能由少数人说了算"，"中国将积极参与全球治理体系建设，努力为完善全球治理贡献中国智慧，同世界各国人民一道，推动国际秩序和全球治理体系朝着更加公正合理方向发展"。2016年9月举办的二十国集团杭州峰会是近年来我国主办的级别最高、规模最大、影响最深的国际峰会，留下了深刻的"中国印记"。在这次峰会期间，中国首次全面阐释其全球经济治理观；首次把创新作为核心成果；首次把发展议题置于全球宏观政策协调的突出位置；首次形成全球多边投资规则框架；首次发布气候变化问题主席声明；首次把"绿色金融"列入二十国集团议程。习近平主席多次阐述全球治理观，如在出席G20工商峰会（B20）开幕式的主旨演讲中，表示中国坚定不移走和平发展道路，始终做世界和平的建设者和维护者，同时阐述中国的全球经济治理观，强调"以平等为基础"，增加"新兴市场国家和发展中国家"代表性和发言权，确保各国"权利、机会、规则"平等；"以开放为导向"，不搞排他性安排，防止治理机制封闭化和规则碎片化；"以合作为动力"，全球性挑战需要全球性应对，合作是必然选择，各国要加强沟通和协调，共商规则，共建机制，共迎挑战；"以共享为目标"，不搞一家独大或者赢者通吃，寻求利益共享，实现共赢目标。当前形势下，全球经济治理要抓住"四个重点"：共同构建公正高效的全球金融治理格局、开放透明的全球贸易和投资治理格局、绿色低碳的全球能源治理格局、包容联动

2017年9月4日，金砖国家领导人第九次会晤在福建省厦门市举行，各国一致同意深化金砖战略伙伴关系，共同打造金砖合作第二个"金色十年"。

的全球发展治理格局，以落实"联合国2030年可持续发展议程"为目标，共同增进人类福祉。

不难看出，习近平主席倡导的全球治理理念的核心就是：共商、共建、共享。这就意味着，全球治理的事情大家一起商量着办，更加完善的全球治理体系大家一起建设，由此产生的成果也将由大家一起分享。2016年9月27日，中共中央政治局就"二十国集团领导人峰会和全球治理体系变革"进行集体学习，习近平总书记发表重要讲话，在高度肯定中国在全球治理上的新作为、高度评价G20杭州峰会基础上，进一步明晰了推进全球治理体系变革必须坚持的两大基本原则。其一，坚持以经济发展为中心，集中力量办好自己的事情，不断增强中国在国际上说话办事的实力。中国要积极参与全球治理，主动承担国际责任，但也要"尽力而为、量力而行"。其二，推动全球治理体系变革是国际社会大家的事，要坚持"共商、共建、共享"原则，使关于全球治理体系变革的主张转化为各方共识，形成一致行动。要坚持为发展中国家发声，加强同发展中国家团结合作。在强化自身能力建设上，习近平总书记强调，"要提高我国参与全球治理的能力，着力增强规则制定能力、议程设置能力、舆论宣传能力、统筹协调能力。参与全球治理需要一大批熟悉党和国家方针政策、了解我国国情、具有全球视野、熟练运用外语、通晓国际规则、精通国际谈判的专业人才。要加强全球治理人才队伍建设，突破人才瓶颈，做好人才储备，为我国参与全球治理提供有力人才支撑"。

2017 年底，在党的十九大报告中，习近平总书记指出，中国秉持共商、共建、共享的全球治理观，倡导国际关系民主化，坚持国家不分大小、强弱、贫富一律平等，支持联合国发挥积极作用，支持扩大发展中国家在国际事务中的代表性和发言权。中国将继续发挥负责任大国作用，积极参与全球治理体系改革和建设，不断贡献中国智慧和力量。

第三节
治理方案

从中国领导人对全球治理观的论述来看，基本上主要指向地区冲突治理与全球经济治理这两类国际公共产品，"承担与自身国力及国情相适应的国际责任"[①]。中国虽然综合国力不断提升、实力地位不断增强，但毕竟只是一个发展中国家，无意也没有实力提供超出自己实力、国情的国际公共产品。地区冲突治理主要体现在中国为解决中东地区热点问题提供的"中国方案"，如叙利亚危机、伊朗核危机等一系列危机的处理。全球经济治理主要体现在中国对国际金融体制改革提供的"中国倡议"，包括推动国际货币基金组织、世界银行等改革，"增加新兴市场国家和发展中国家的代表性和发言权"，使全球治理体制更加平衡地反映"大多数国家"的意愿和利益。

中共十八大以后，中国在体制外创制方面推出了一系列新制度平台，比如金砖国家新开发银行及应急储备安排、上合组织开发银行、亚洲基

[①] 《如何构建中美新型大国关系——王毅外长在布鲁金斯学会的演讲》，人民网2013年9月22日，http://world.people.com.cn/n/2013/0922/c1002-22984402.html。

础设施投资银行和丝路基金等。这些新制度平台看上去是在国际货币基金组织、世界银行等现有国际货币金融体系之外建立的，它们之间是一种什么样的关系将决定着中国对国际秩序的影响。

金砖国家新开发银行及其应急储备安排

2012 年 3 月，金砖国家领导人第四次会晤发表的《新德里宣言》中，将成立金砖国家新开发银行作为金砖国家下一阶段的目标，宣言称："我们探讨了建立一个新的开发银行的可能性，以为金砖国家和其他发展中国家基础设施和可持续发展项目筹集资金，并作为对现有多边和区域金融机构促进全球增长和发展的补充。我们指示财长们审查该倡议的可能性和可行性，成立联合工作组进一步研究，并于下次领导人会晤前向我们报告。"[1] 这是金砖国家第一次提出要成立金砖国家新开发银行。

中国作为金砖国家的一员，积极同其他金砖国家合作，共同推动金砖国家新开发银行的成立，并主动倡议成立应急储备安排。如果说金砖国家新开发银行相当于金砖国家的世界银行，那么应急储备安排则相当于金砖国家的国际货币基金组织。应急储备安排将扮演最后贷款人的角色，在成员国出现国际收支困难，无法偿还外债时，向其提供流动性支持。中国作为金砖国家中资金最充裕的国家，借款的可能性最小，中国倡议提供应急储备安排纯粹是出于大国责任，向金砖国家及广大发展中国家提供类似金融防火墙的公共产品。

2014 年 7 月 15 日，金砖国家领导人第六次会晤发表了《金砖国家

---

[1] 《金砖国家领导人第四次会晤〈德里宣言〉》，新华网 2012 年 3 月 30 日，http://news.xinhuanet.com/world/2012-03/30/c_122906770_3.htm。

2015 年 7 月 21 日，金砖国家新开发银行开业仪式在上海举行。金砖银行作为国际发展体系的新成员，将与相关多边和双边开发机构和私营部门建立紧密的合作伙伴关系，共同促进发展中国家的经济发展和全球经济复苏。

领导人第六次会晤福塔莱萨宣言》，正式宣布成立金砖国家新开发银行及应急储备安排。其中，金砖国家新开发银行法定资本 1000 亿美元，初始认缴资本 500 亿美元，由创始成员国平等出资。[1] 应急储备安排初始承诺互换规模为 1000 亿美元。各国最大互换金额为中国 410 亿美元，巴西、印度和俄罗斯各 180 亿美元，南非 50 亿美元。[2]

金砖国家领导人一致认为，金砖国家新开发银行及应急储备安排是对现有的国际机制形成补充，而非替代世界银行与国际货币基金组织的

---

① 《金砖国家领导人第六次会晤福塔莱萨宣言》，新华网 2014 年 7 月 17 日，http://news.xinhuanet.com/world/2014-07/17/c_126762039.htm。

② 《金砖国家应急储备安排我国最大互换金额为 410 亿美元》，http://www.xinhuanet.com/world/2014-07/16/c_1111637093.htm。

制度安排。中国为金砖国家新开发银行及应急储备安排的建立作出了巨大贡献和妥协，金砖国家新开发银行总部位于中国上海，区域总部设在南非，首任行长来自印度。中国的经济总量相当于其他金砖国家的总和，但是中国在金砖国家新开发银行的建立过程中能够与其他金砖国家平等协商，兼顾各方利益，这是难能可贵的。在应急储备安排上，中国更是承担了最大份额的义务，这是应急储备安排能够确定的重要原因。

通过对金砖国家新开发银行及应急储备安排建立过程的分析，可以发现，中国在与其他金砖国家合作时，并没有采取强加于人的霸权做法。中国倡议创办金砖国家新开发银行和应急储备安排，不是单方面主导，而是顾全大局、协调分歧、推动合作，并积极贡献中国智慧，勇于承担重任，努力与其他国家成为合作共赢的伙伴。因此，金砖国家新开发银行和应急储备安排并不是中国对外战略的工具，而是为各方所共同参与的国际公共产品，它并不是要替代国际货币基金组织和世界银行，而是补充和发展国际货币基金组织和世界银行。

亚洲基础设施投资银行

2013 年 10 月，习近平主席在出访东南亚时提出了筹建"亚洲基础设施投资银行"（Asian Infrastructure Investment Bank，简称亚投行，AIIB）的倡议，以同域外现有多边开发银行合作，相互补充，共同促进亚洲经济持续稳定发展。[1] 自倡议提出后，得到了 50 多个国家的积极回应。2014 年 10 月 24 日，包括中国、印度、新加坡等在内 21 个首批意

---

① 《习近平：倡议建亚洲基础设施投资银行》，中国网 2013 年 10 月 3 日，http://finance.china.com.cn/news/gnjj/20131003/1851031.shtml。

2015 年 12 月 25 日，亚洲基础设施投资银行正式成立，全球迎来首个由中国倡议设立的多边金融机构。亚投行的成立，将推动亚洲地区基础设施建设和互联互通，深化区域合作，实现共同发展。

向创始成员国的财长和授权代表在北京正式签署《筹建亚投行备忘录》，共同决定成立亚洲基础设施投资银行，法定资本 1000 亿美元，标志着这一中国倡议设立的亚洲区域新多边开发机构的筹建工作将进入新阶段。中国国家主席习近平会见了出席签署仪式的各国代表，他指出，亚投行的建立是"一种创新机制，有利于推动完善全球金融治理""将亚投行建设成为一个平等、包容、高效的基础设施投融资平台和适应本地区各国发展需要的多边开发银行""应该秉承开放包容的区域主义，欢迎所有有兴趣的国家积极参与，实现合作共赢""深化亚洲国家经济合作，实现共同发展。我们将努力使中国自身发展更好惠及亚洲和世界各国"。①

---

① 《习近平会见出席筹建亚洲基础设施投资银行备忘录签署仪式各国代表》，新华网 2014 年 10 月 24 日，http://www.ce.cn/xwzx/gnsz/szyw/201410/24/t20141024_3773197.shtml。

2015 年 3 月 18 日，法国、德国和意大利同意加入亚投行，引发了世界范围内加入亚投行的积极性。截至 2015 年 4 月 15 日，共有 57 个国家意向成为创始会员国，大大出乎美国等各方的预料。最终，美国也不得不表示支持亚投行与美国主导的世界银行等金融机构建立合作关系。

亚洲基础设施投资银行（AIIB）是继提出建立金砖国家新开发银行（NDB）、上合组织开发银行之后，中国试图在国际金融体系中发挥主导作用的又一举措。之所以倡导设立亚洲基础设施投资银行，主要基于中国看到亚洲基础设施领域存在的巨额资金缺口，开始考虑如何优化使用其所持有的巨额外汇储备的问题。据亚洲开发银行测算，2010 年至 2020 年，亚洲基础设施建设资金缺口为 8 万亿美元，而亚洲国家现有的融资渠道（世界银行、亚洲开发银行）仅能提供每年 200 亿美元左右的援助，远远不能满足亚洲国家的融资需求。[①] 然而，亚洲并不缺乏资金，中国、日本、韩国等都是外汇储备大国，巨额外汇储备缺乏一个合理的融资平台，资金流无法形成投融资循环。时任亚投行多边临时秘书处秘书长金立群表示，如果成立亚投行，和世行、亚行等多边开发银行合作，就可以成为一家专业、高效的基础设施融资平台，从而撬动私营部门和域外国家的资金，合理分担风险、共享利益，促进亚洲基础设施的建设。[②]

关于亚投行的宗旨和业务范围，中国强调亚投行作为新的区域多边开发银行，与现有多边开发银行的业务领域各有侧重，相互补充而不是相互替代。亚投行专注于亚洲基础设施建设，促进区域互联互通和经济合作，现有的世界银行、亚洲开发银行等多边开发银行则主要以减贫为

---

① 张宇哲：《丝路基金起步》，财新网 2014 年 11 月 28 日，http://weekly.caixin.com/2014-11-28/100756719.html。

② 《亚投行金立群：亚投行不会有软贷款》，中国经济网 2015 年 3 月 22 日，http://www.ce.cn/cysc/newmain/yc/jsxw/201503/22/t20150322_4894707.shtml。

宗旨。^①对于创办亚投行后会不会动摇中国对现有国际金融机构的参与力度，中国指出，中国将一如既往地支持世界银行、亚洲开发银行等现有多边开发银行在国际发展议程中发挥重要的作用。^②显然，中国并没有排斥哪一个国家，也没有替代现有国际金融秩序的意图，中国更关注的是以中国的方式为国际社会承担更多责任，作出更大贡献。

丝路基金

2013年以来，中国领导人先后提出了建设"丝绸之路经济带"和"21世纪海上丝绸之路"的倡议（简称"一带一路"倡议），帮助周边国家加强基础设施尤其是交通、通信等基础设施建设，实现陆路互联互通与海上互联互通。"一带一路"沿线国家多是新兴经济体，虽然发展前景广阔，但是基础设施落后，国家建设资金缺乏。为了向"一带一路"沿线国家提供基础设施建设的资金支持，中国在同其他亚洲国家一起成立亚洲基础设施投资银行的同时，设立了"丝路基金"。2014年11月，习近平主席在加强互联互通伙伴关系对话会上宣布中国出资400亿美元成立丝路基金，以国际基金的形式，为"一带一路"沿线国家的基础设施建设等互联互通相关项目提供投融资支持，帮助"一带一路"沿线国家突破实现互联互通的资金瓶颈。

"丝路基金"与亚投行不同，亚投行是中国与其他亚洲国家合作建立的政府间基金，而"丝路基金"则是中国政府独自出资创立的主权投资基金，同时也欢迎亚洲域内外的投资者参加。虽然"丝路基金"的最

---

① 《楼继伟就筹建亚洲基础设施投资银行答记者问》，财政部网2014年3月7日，http://www.mof.gov.cn/zhengwuxinxi/caizhengxinwen/201403/t20140307_1053025.html。

② 同上。

初规模只有 400 亿美元，但是随着新的投资者的不断加入，"丝路基金"的规模肯定会不断扩大，在亚洲互联互通中发挥更大的作用。中国建立"丝路基金"这一公共产品，并欢迎域内外投资者加入，以中国为主导，联合各方面合作者一起在"丝路基金"的框架下提供公共产品，这与中国以往在已有公共产品框架之下提供公共产品及同其他国家一起创造国际公共产品不同。在创造这一公共产品的过程中，中国更加独立、自主。这表明中国在重新加入国际社会 40 多年后，已经能够熟练运用国际规则并创造国际规则，已经能够承担大国责任并主动承担大国责任，已经能够提供国际公共产品更能够创造国际公共产品。目前，虽然"丝路基金"的运行细则还未公布，但我们相信这一中国独立创造的国际公共产品一定会拥有光明的前景，在亚洲互联互通、基础设施建设中发挥更好的作用，为"一带一路"沿线国家提供更好的国际公共产品。

综合上述三个案例，我们发现中国所倡导成立的金砖国家新开发银

2017 年 11 月 20 日，丝路基金与通用电气在北京签署"成立能源基础设施联合投资平台合作协议"，共同投资包括"一带一路"国家和地区的电力电网、新能源、油气等领域基础设施项目。

行及其应急储备安排、亚洲基础设施投资银行和丝路基金，是在现有国际经济金融体系之外创制的，其本质上是一种由中国推动创制的国际公共产品，在理念上都是开放性的而非排他性的，与现有国际经济金融体系是一种补充和发展的关系而非替代和竞争的关系，因为它们均有其独特的业务范围和主营领域。比如金砖国家新开发银行强调在遭遇国际经济金融危机时对新兴经济体的联合救助，亚洲基础设施投资银行则更强调对亚洲地区基础设施的投资而非现有金融机构强调的减贫，丝路基金则是中国主导提供的一种国际开发基金。中国之所以倡议创立这些新的金融机构，主要原因是在现有金融体系不合理和能力不足的情况下，中国努力推动现有秩序改革受到来自西方发达国家的阻力，为了更好地优化管理中国日益增长的巨额外汇储备，在现有国际金融体系之外创设新的国际金融机制，是一种体制外创制的"增量改革"策略。但中国并没有意图要推翻现有的国际金融体系，而是强调继续积极参与现有的金融体系，并希望通过"增量改革"带动"存量改革"，从外部探索来推动现有国际金融体系的改革，最终目的还是推动现有国际体系和国际秩序向着公正合理的方向发展。

第四节
和平意义

共商、共建、共享的全球治理观站在时代发展的潮头，既顺应了世界发展的客观潮流，也符合中国人民根本利益和世界各国人民共同利益的需要，具有极大的可行性，对于推动全球治理转型和中国外交具有十分重要的指导意义。

一、中国将更加注重遵守国际规范、融入国际社会

改革开放之后，中国参与全球治理的初衷主要是为了更好地融入国际社会，提升自己的国际威望和国际合法性。中国在联合国及各种国际组织框架内提供国际公共产品，这本身就是一个学习国际规范、融入国际社会的过程。通过对亚投行的分析，可以发现，中国在创立亚投行的过程中已将国际规范内化为中国外交自觉的行动。今天中国成为国际社会有影响力的一员、国际规则的积极践行者，提供国际公共产品起到了关键作用。中国提供国际公共产品的过程，也是积极学习和遵守国际规则、融入国际社会的过程。

二、中国将更加自主、自信，更多独立提供解决方案

改革开放以来的很长一段时间，从中国的外交实践看，中国在国际和地区热点问题上较少独立提出自己的解决方案，多是在西方国家提案的基础上表示赞同或者反对。中国外交在很多时候显得不够自主、自信。中国提供国际公共产品的实践提升了中国外交的自主、自信。中国作为一个负责任的世界大国，越来越多地为解决国际和地区热点问题，提供以地区冲突治理和全球经济治理为主要内容的国际公共产品。中国提供国际公共产品要求中国不能仅是就已有国际问题解决方案表明态度，还要独立自主地提出中国自己的解决方案，从而使中国外交更加自主、自信。

2018 年 9 月 3 日，2018 年中非合作论坛北京峰会在北京举行，峰会以"合作共赢，携手构建更加紧密的中非命运共同体"为主题。

三、有助于推进全面深化改革进程

中国外交在相当长的一段时期内只是外交部一个职能部门的业务范围，但是随着中国提供国际公共产品的数量、种类不断增加，仅靠外交部门已经无法满足提供国际公共产品的外交需要了，国内其他职能部门也参与到外交活动中来，独自或与外交部门配合承担外交使命，提供国际公共产品。

从目前的情况看，中国提供国际公共产品需要外交部提供外交调停与斡旋，国防部提供护航与维和，商务部提供对外援助，财政部和央行提供资金等。在有些场合国内其他部门只是在幕后起到配合外交部门的作用，但是在有的场合也走到了台前。在中国的外交舞台上，越来越多

2017 年 11 月 28 日，2017 从都国际论坛在广州开幕，来自世界各地区的知名前政要与权威专家、商界领袖，围绕"全球治理与中国主张"的主题，就当今世界面临的挑战与机遇进行探讨，更好地了解中国在相关领域的积极主张。

地见到国内其他职能部门的身影，这是提供国际公共产品给中国外交带来的重要变化。

　　总之，推动全球治理体系和治理能力的现代化，既是时代和国际社会对中国的期望，也是中国对于国际社会的主动贡献，是中国开展大国外交、实现国家崛起的必由之路。随着中国国家实力的增长，提供国际公共产品将在中国外交中占据越来越重要的地位。

第七章
"一带一路" 倡议

　　"一带一路"是"丝绸之路经济带"和"21世纪海上丝绸之路"的简称，贯穿欧亚非大陆，东边连接亚太经济圈，西边进入欧洲经济圈。2013年9月7日，习近平主席在访问哈萨克斯坦时提出，要用创新的合作模式，共同建设"丝绸之路经济带"。这是中国领导人首次在国际场合公开提出共同建设"丝绸之路经济带"的重大倡议。10月3日，习近平主席在印度尼西亚国会发表演讲时提出，中国致力于加强同东盟国家的互联互通建设，愿同东盟国家发展好海洋合作伙伴关系，共同建设"21世纪海上丝绸之路"。

　　"一带一路"倡议提出后，在国内外各方共识推动下，正在逐渐从中国提出的一项对外政策倡议转变为涵盖统筹中国国内发展和对外开放的综合性发展倡议，正在逐渐从"中国倡议"转变为"国际共识"。无论是"中国倡议"，还是"国际共识"，"一带一路"的核心内容都是促进基础设施建设和互联互通，对接各国政策和发展战略，深化务实合作，促进协调联动发展，实现共同繁荣。

第一节
提出背景

作为"一带一路"的提出者和首倡者，中国国家主席习近平对"一带一路"倡议的背景做了明确的解释。2017年5月15日，习近平主席在"一带一路"国际合作高峰论坛圆桌峰会开幕辞中说，"这项倡议源于我对世界形势的观察和思考。"在习近平主席看来，当今世界正处在大发展大变革大调整之中，和平赤字、发展赤字、治理赤字，是摆在全人类面前的严峻挑战。"这是我一直思考的问题。"习近平主席认为，在"一带一路"建设国际合作框架内，各方将秉持共商、共建、共享原则，携手应对世界经济面临的挑战，开创发展新机遇，谋求发展新动力，拓展发展新空间，实现优势互补、互利共赢，不断朝着人类命运共同体方向迈进。"这是我提出这一倡议的初衷，也是希望通过这一倡议实现的最高目标。"不难看出，中国提出"一带一路"倡议，有着深刻的时代背景，是对当今世界复杂国际形势作出的重要判断，也是应对全人类面临的共同挑战所提出的"中国方案"。

"一带一路"是与当今时代主题和世界形势紧密联系在一起的。"一带一路"的倡议首先呼应的是当今世界发展的整体化趋势，人类社会整体作为一个类的本质属性越来越凸显，国与国之间越来越呈现为你中有我、我中有你的利益共同体和一荣俱荣、一损俱损的命运共同体。在全球化和信息技术革命推动下，和平、发展、合作、共赢成为时代潮流，新一轮科技和产业革命正在孕育，创新驱动发展的新动能不断积聚，各国之间利益深度融合，各国之间的联系从来没有像今天这样紧密。这一时代背景决定了一个国家无论面对什么样的全球挑战，都需要在全球范围内寻找解决办法，不断适应挑战，而要"关起门来搞建设"就是死路一条。从国际学界研究的普遍共识来看，在全球化浪潮和信息技术革命两股潮流的推动下，近代以来以主权国家为基础的威斯特法利亚体系趋于松懈，尽管以领土国家为基本构成单位的"国际社会"（International Community）依然存在，但以跨国公司、全球市场、NGO、全球媒体、传教运动等为主要依托的"全球社会"（Global Community）空间加速成长，日益成为国际体系的重要竞争力量。从历史维度来看，人类社会

政策沟通是共建"一带一路"国家开展务实合作，实现互利共赢的基本前提。图为2017年5月15日，"一带一路"国际合作高峰论坛圆桌峰会在北京雁栖湖国际会议中心举行。

正处在一个大发展大变革大调整时代。从长远来看，从"国际社会"向"全球社会"的转变，可能成为当今世界转型的重要轴线和总体特征，"一带一路"就是适应这一转变提出的"中国方案"。从这一视角来看，"一带一路"反映着当今世界的大转型，它代表了一种不同于"关起门来搞建设"的国家发展思路，是一种在开放经济体系中寻求全球发展的新思路。

"一带一路"倡议提出的另一个重要背景是如何应对当今世界的全球性挑战。进入 21 世纪以来，新问题、新麻烦、新挑战层出不穷，世界经济进入深度调整期，既有复苏迹象，也面临基础不稳、动力不足、速度不均的问题。特别是地区热点持续动荡，国际恐怖主义蔓延肆虐，世界经济发展不平衡加剧，全球气候变化形势严峻，民族与宗教问题在世界范围内释放，战乱和冲突、恐怖主义、难民移民大规模流动等问题对世界经济的影响突出。习近平主席认为，世界经济增长需要新动力，发展需要更加普惠平衡，贫富差距鸿沟有待弥合。和平赤字、发展赤字、治理赤字，是摆在全人类面前的严峻挑战。面对这些挑战，以"华盛顿共识"为主要内容的"美国方案"、以推动区域一体化为主要思路的"欧洲方案"和以政府驱动发展为主要动能的"日本方案"等都纷纷失去了光泽，有的甚至还引发了更严重的问题和危机。对此，习近平主席在多个国际国内场合追问，下一轮增长的动力从哪里来？ 2013 年 3 月习近平主席在出访俄罗斯期间，强调共同推动建立以合作共赢为核心的新型国际关系，应该拿出敢为天下先的勇气，推动建立发展创新、增长联动、利益融合的开放型经济发展方式。显然，在习近平主席看来，"一带一路"就是探索建立开放型经济发展方式和人类命运共同体的重要尝试，通过改革、调整和创新来释放下一轮世界经济增长的动力。从这个意义上来说，"一带一路"倡议是由中国提出的世界和平发展方案，意在寻求构建一种以合作共赢为核心的新型国际关系，启动新一轮世界经济增长的引擎，它代表了一种不同于"华盛顿共识"、区域一体化和全球霸权的发展思路和社会空间，这是毋庸置疑的。

在 2014 年召开的中央外事工作会上，习近平总书记对国际形势作出了"五个充分估计，五个不会改变"的判断，强调中国发展仍然处于可以大有作为的重要战略机遇期，"我们观察和规划改革发展，必须统筹考虑和综合运用国际国内两个市场、国际国内两种资源、国际国内两类规则"。不难看出，"一带一路"就是统筹国际国内两个大局的产物，既是中国应对全球化挑战提出的"中国方案"，也反映了中国对创新国家发展的一种新的发展思路。因此，"一带一路"所关注的核心问题是如何统筹国际国内两个大局，开创中国全方位对外开放新格局，以促进地区和世界和平发展，它是一种新的发展战略，更是一种着眼于中国与地区乃至整个世界共同发展的重大构想。

第二节
主要依据

事实上，尽管"一带一路"倡议最初是习近平主席在出访哈萨克斯坦和印度尼西亚等国际场合提出来的，但真正把"一带"和"一路"结合起来还是在 2013 年的中央经济工作会议上。2013 年 12 月，习近平总书记在中央经济工作会议上提出，推进"丝绸之路经济带"建设，抓紧制定战略规划，加强基础设施互联互通建设；建设"21 世纪海上丝绸之路"，加强海上通道互联互通建设，拉紧相互利益纽带。在 2014 年12 月的中央经济工作会议上，习近平总书记明确将重点实施"一带一路"、京津冀协同发展、长江经济带三大战略作为新时期中国统率经济社会发展的重大战略，这些重大战略将正式进入"十三五"规划，成为中国中长期经济社会发展的战略规划。显然，作为新时期中国经济社会发展的一项重大战略构想，"一带一路"有着深刻的国内依据。

从国内背景来看，受国际金融危机的冲击，30 多年来高速发展的非常态模式已经难以为继，中国经济社会发展面临着增长速度进入换挡期、结构调整面临阵痛期、前期刺激政策进入消化期的"三期叠加"压力。对此，中国领导人强调中国经济社会发展已经进入新常态，在发展速度上从高速增长转为中高速增长，在经济结构上不断优化升级，在发展动力上从要素驱动、投资驱动向创新驱动转变，要从当前经济发展的阶段性特征出发，适应新常态，保持战略上的平常心态。适应新常态，中国越来越强调在尊重规律中顺势而为。"一带一路"、京津冀协同发展、长江经济带和粤港澳大湾区等，它们都是新常态下发展战略的构想，以解决经济大起大落的问题，寻求经济社会的可持续平稳发展。因此，"一带一路"的提出，首先是为了解决中国自身发展中出现的不平衡、不协调、不可持续的问题，通过推进"一带一路"建设，努力实现平衡发展、协调发展和包容发展。

一、平衡发展

20世纪70年代后期以来，中国实行了改革开放的政策，鼓励一部分地区和一部分人先富起来，以先富带动后富，实现共同富裕。经过40年的发展，中国的改革开放取得了巨大的成就，经济实力和综合国力都有了很大的提升，同时也暴露出了一些新的矛盾和问题。鼓励一部分地区和一部分人先富起来的政策客观上将中国发展的战略重点放到了沿海地区，在资源投放、政策优惠以及发展计划优先部署等方面都更有利于东部沿海地区，尽管也实行了对口援助、转移支付、西部大开发、中部崛起、振兴东北老工业基地等战略措施，但总体上并没有缩小地区发展之间的差距。尤其是在中国加入世界贸易组织后，东部沿海地区在全球化资源优化配置的拉动下，发展速度加快，日益扩大了与中西部地区之间的差距。

对此，以习近平同志为总书记的新一届中央领导集体在经过充分调查研究和反复思考后，先后提出了建设丝绸之路经济带、21世纪海上丝绸之路、京津冀协同发展和长江经济带等战略构想，并将这些内外构想统筹考虑，在 2014 年形成了"一带一路"的战略构想。尽管国内外舆论对"一带一路"做出了众多解读，比如有学者认为"一带一路"是为了回避与美国"亚太战略再平衡"的战略矛盾，寻求新的发展机遇和空间；有的认为是为了转移国内落后产能，保护能源稳定供应；还有人误以为这是中国在寻求区域霸权，扩张中国的周边势力范围等。其实，所有这些看法在不同程度上都是一种误解和偏见。无论从国内发展战略，还是从地区和国际战略来看，"一带一路"从根本上都是对自身战略重点的再平衡，是统筹国际与国内两个大局的产物。诚如习近平总书记所说，"我们观察和规划改革发展，必须统筹考虑和综合运用国际国内两个市场、国际国内两种资源、国际国内两类规则"。"一带一路"就是着眼于实现中华民族伟大复兴的"中国梦"，通过统筹国际国内两个大局，创造性地推动建设一个开放型经济体系作为包容性发展平台，从而将亚太经济

设施联通是"一带一路"建设的优先领域。图为 2017 年 5 月，完全采用中国技术、中国标准的肯尼亚蒙内铁路全线开通。

圈和欧洲经济圈连接起来，推动建立一个涵盖欧亚非三大洲和印度洋、太平洋两大洋的政治互信、经济融合、文化包容的利益共同体、命运共同体和责任共同体。

二、协调发展

长期以来，中国在改革开放的实践中形成了"摸着石头过河"的战略思路。在这一思路的指导下，中国在过去的30多年时间内鼓励基层大胆创新，先行先试，创办经济特区，开展政策试点，然后总结经验，逐步推广，不断深化对公有与私有、计划与市场、资本主义与社会主义等关系的认识，积累了丰富的发展经验，逐步确立起对中国特色社会主义的道路自信、理论自信和制度自信。然而，随着改革开放的深入，中国发展逐步步入了深水区，各种矛盾错综复杂，从战略全局来看，中国日益呈现出发展格局不平衡、发展脉络不通畅和基础设施不配套不协调的问题，制约了中国发展的潜力和后劲。

面对实践中出现的发展不协调问题，以习近平同志为总书记的新一届中央领导集体强调"摸着石头过河"与加强"顶层设计"相结合，鼓励顶层设计与基层创新相结合，在改革发展中越来越强调加强顶层设计，加强不同区域的协调发展。就国内协调来说，"一带一路"强调充分发挥国内各地区比较优势，实行更为积极的开放战略，全面加强东西部互动协调发展，通过在西部地区打造新疆丝绸之路经济带核心区，在东部地区打造福建21世纪海上丝绸之路核心区等"两个核心区"，在不动摇东部沿海地区现有发展优势和潜力的基础上，再造若干新发展引擎，切实增强中国可持续发展的能力。就全球协调来说，"一带一路"着眼于实现世界海权力量和陆权力量的协调发展，通过政策沟通、设施联通、

贸易畅是通推进"一带一路"建设的重点内容。截至 2018 年 6 月，中国与"一带一路"沿线国家货物贸易累计超过 5 万亿美元。图为由迪卡侬定制的中欧班列从中国武汉驶往法国物流重镇杜尔日。

贸易畅通、资金融通和民心相通等"五通"来克服战略、制度、文化等复杂障碍，从而打通中国与欧亚、欧洲、中东、非洲、大洋洲国家之间的发展脉络，实现欧亚非大陆与太平洋、印度洋的和谐互动，逐步发展成为彼此联通的伙伴关系网络。总之，在"一带一路"的战略构想中，中国不再有沿海发达地区和内陆落后地区的分化，世界也不再有陆权力量与海权力量之间的博弈，通过以推动基础设施互联互通为载体，撬动战略部署、体制机制和社会文化方面的包容开放，有助于塑造一个地区和全球人类命运共同体的美好未来。

三、包容发展

"一带一路"是一项多元战略利益、制度和文化交织在一起的庞大工程，涉及的矛盾错综复杂，要求包容复杂的社会差异和社会矛盾。近代以来，欧美国家主导的全球化是一种强调"西方中心主义"的发展思路，要求世界各国的社会制度和价值观念都要向欧美国家看齐，并强行推进自由、民主等价值观的海外输出，在阿富汗、伊拉克、叙利亚、拉美国家、欧亚国家和非洲国家都造成了严重的后果。

与西方推行的"颜色革命""民主输出""新干涉主义"理念不同，中国倡导的"一带一路"对多种社会制度和发展道路采取了"尊重""包容""互鉴"的态度，尊重和维护各国人民自主选择社会制度和发展道路的权利，包容不同的价值观念和政治选择，互鉴不同文明的经验和成果，在世界上更具吸引力和号召力。特别是中国领导人在倡导"一带一路"时提出"和平合作、开放包容、互学互鉴、互利共赢"的丝路精神，更是得到了沿线国家和民众的积极响应。因此，"一带一路"涉及到一个更大的问题，即西方的现代化价值与非西方国家的传统价值之间的互动问题，亦即"第二次文艺复兴"的问题。在中国领导人看来，"一带一路"更多强调跳出西方的框架，挖掘非西方智慧对解决当今世界面临问题的意义，用古老中华文明智慧（崇德、尚义、重礼）、古代印度文明智慧（顺世、包容、多样）、古代伊斯兰文明智慧（和平、顺服）来寻找解决当下世界问题的药方。从历史上来看，古老的丝路精神延续了上千年，在化解不同国家、不同民族乃至不同宗教文化之间的矛盾和摩擦方面蕴藏着大量的智慧，积累了丰富的经验，对解决当下世界面临的问题有着很大的借鉴意义。

第三节
主要内涵

从国务院授权发改委、商务部、外交部三部委在2015年3月28日发布的《推动共建丝绸之路经济带和21世纪海上丝绸之路的愿景与行动》来看，"一带一路"有着清晰的愿景和轮廓，是一个关于欧亚非共同发展的区域合作架构。

从发展愿景来看，"一带一路"是一个关于全球共同发展的理念和倡议。根据中国政府的官方解释，"一带一路"的内涵要义在于以全球公共议题和民众需求为出发点，坚持共商、共建、共享的原则，借助双边、次区域、区域和全球机制等载体，促进经济要素有序自由流动、资源高效配置和市场深度融合，推动沿线各国实现经济政策协调，开展更大范围、更高水平、更深层次的区域合作，共同打造开放、包容、均衡、普惠的区域经济合作架构。因此，其发展愿景在本质上是一个各方共商、共建、共享的国际公共产品，具有非竞争性、非排他性、非零和性的特征，依靠中国与有关国家既有的双多边机制，借助既有的、行之有效的区域合作平台，借用各国人民所熟知的古代"丝绸之路"历史符号，主动发展与沿线国家的经济合作伙伴关系，共同打造政治互信、经济融合、文化包容的利益共同体、命运共同体和责任共同体。

从发展轮廓来看，"一带一路"贯穿亚欧非大陆，一头是活跃的东亚经济圈，一头是发达的欧洲经济圈，中间广大腹地国家经济发展潜力巨大。丝绸之路经济带重点方向是中国经中亚、俄罗斯至欧洲（波罗的海）；中国经中亚、西亚至波斯湾、地中海；中国至东南亚、南亚、印度洋。21世纪海上丝绸之路重点方向是从中国沿海港口过南海到印度洋，延伸至欧洲；从中国沿海港口过南海到南太平洋。根据"一带一路"走向，陆上依托国际大通道，以沿线中心城市为支撑，以重点经贸产业园区为合作平台，共同打造新亚欧大陆桥、中蒙俄、中国—中亚—西亚、中国—中南半岛等国际经济合作走廊；海上以重点港口为节点，共同建设通畅安全高效的运输大通道，进一步推动中巴、孟中印缅两个经济走廊建设，

中巴经济走廊是中国和巴基斯坦友好历史上一个重要的里程碑，瓜达尔港已成为中巴经济走廊的一颗璀璨明珠。

取得更大进展。

根据中国政府的倡议，"一带一路"的主骨架是六廊六路多国多港。"六廊"是指打通六大经济走廊，包括新亚欧大陆桥、中蒙俄、中国—中亚—西亚、中国—中南半岛、中巴、孟中印缅经济走廊建设。"六路"是指畅通六大路网，推动公路、铁路、空路、水路、管路、信息高速路互联互通；"多国"是指培育若干支点国家，根据推进"一带一路"建设的需要，结合沿线国家的积极性，在中亚、东南亚、南亚、西亚、欧洲、非洲等地区培育一批共建"一带一路"的支点国家；"多港"是指构建若干海上支点港口，围绕21世纪海上丝绸之路建设，通过多种方式，推动一批区位优势突出、支撑作用明显的重要港口建设。

从其作为国际公共产品的本质出发，"一带一路"可以与很多排他性的国际组织和国际制度区别开来。

首先，"一带一路"不是正式的国际组织和国际制度，而是非正式的和不具有约束力的合作倡议。它不像联合国、国际货币基金组织、世界银行等正式的国际组织和国际制度，它没有明确的权利和义务，也没有严格的规范程序，没有理事会、秘书处和一系列国际公共行政机构，它进出自由，来去随意，不受任何国际制度条款的约束，既不是国家和国家间组织，也不是非国家行为体，更没有严格意义上的成员国。对任何国家和非国家行为体来说，只要对"一带一路"感兴趣，愿意参与"一带一路"相关项目，就是"一带一路"的利益攸关方。

其次，"一带一路"也不是中国的亚洲战略和国际战略，而是具有战略性影响的合作倡议。中国有自己的周边战略，"一带一路"倡议中的某些内容与中国的周边战略有重合，但"一带一路"不等于中国的周边战略，一方面"一带一路"倡议中的大量内容超出了中国周边战略的范围，另一方面中国周边战略中的一些内容也不在"一带一路"倡议里面，

中国企业拥有大部分股权的希腊比雷埃斯夫港，已成为 21 世纪海上丝绸之路通往中东欧的门户。

两者相互呼应但又彼此独立。

此外，"一带一路"也不是中国一家的"独奏"，而是沿线国家共同的"合唱"。"一带一路"是一项长远的合作倡议，需要沿线国家乃至世界上所有愿意参与的国家和地区人民共同努力才能成功，中国不会搞霸权主义的"势力范围"，也不会主导"一带一路"建设进程，只能通过双边和多边努力，汇集各方面的预期，以共商、共建、共享的原则精神推动"一带一路"建设逐步深入。

第四节
和平意义

迄今为止，从中国政府和领导人公开表述来看，"一带一路"最终指向的目标是，秉持和平合作、开放包容、互学互鉴、互利共赢的理念，全方位推进务实合作，打造政治互信、经济融合、文化包容的利益共同体、命运共同体和责任共同体。"一带一路"是人类命运共同体的具体实现形式，是通往人类命运共同体之路，是对近代以来以"国际无政府状态"为核心的"国际体系和国际秩序"的超越，是致力于塑造一种更加公正合理世界秩序的"中国方案"。

"一带一路"不是一个简单的跨国层面的发展计划，它是全球共同发展、共同安全和共同富裕的全球发展和治理改革的"试验田"，其基本逻辑是同舟共济、风险共担，其核心问题是如何找到促进全球和区域共同发展最为合理的制度表达形式。

"一带一路"倡议是中华文明智慧的创新和发展，内涵丰富，底蕴深厚，有着强大的生命力。其理论价值和实践价值在于将中华文明精神与时代潮流和多样化的国情相结合，推动不同文明在兼容并蓄、交流互鉴中获得新的发展动力和活力，不断提出推动全球发展与全球治理的"中国方案"。"一带一路"不是中国人的心血来潮，而是推己及人、兼济天下情怀的合理延伸，"一带一路"搞得好不好，全球治理搞得好不好，直接关系甚至决定着能否实现中华民族伟大复兴的"中国梦"。因此，在探索全球发展和全球治理的过程中，"一带一路"努力寻求一种不同于"华盛顿共识"和"欧盟一体化"的"中国方案"。

　　与欧美方案不同的是，中国倡导共建"一带一路"的途径是以目标协调、政策沟通为主，不刻意追求一致性，可高度灵活，富有弹性，是多元开放的合作进程。中国推动"一带一路"建设不是谋求势力范围，而是谋求天下长治久安、共同繁荣的美好前景。在具体方式方法上，"一带一路"建设是开放的、包容的，欢迎世界各国和国际、地区组织积极

2018年6月13日，中国常驻联合国代表团同联合国经社事务部、联合国开发计划署和世界卫生组织驻联合国办事处在纽约联合国总部共同举办"'一带一路'倡议和2030年可持续发展议程"高级别研讨会。

参与，强调平等协商，兼顾各方利益，反映各方诉求，携手推动更大范围、更高水平、更深层次的大开放、大交流、大融合。

从根本上来说，"一带一路"是一条互尊互信之路，一条合作共赢之路，一条文明互鉴之路，它是消除地区隔阂、促进互联互通和发展融合的催化剂。"一带一路"的最终目的不是修路架桥，而是在国际交往中创造一个全球公共空间，这一空间秉持开放、利他、包容、共赢的精神，让各国人民能够自由、平等、公正地进入这一公共空间。"一带一路"的国际公共空间与霸权空间最大的区别就是不以实力大小论英雄，不以出身贵贱定身份，不以意识形态和社会制度差异而释放出歧视气息和排他思维。因此，"一带一路"的最大魅力在于将各国人民拉回到一个平等、温情、包容、开放的全球公共空间中，使其感受到别具一格的"共同体人"的尊严，为全球公共生活不断注入和平和繁荣的正能量！

总之，"一带一路"的理论价值在于它纠正和超越了近代以来的西方主导的经济全球化，是全球化的"2.0版"，体现为全球化的道路创新、理论创新和制度创新。这一系列创新的主旨在于以和平、发展、合作、共赢的理念超越不同国家、不同民族和不同宗教之间的隔阂、纷争和冲突，建设一个更加包容、更加美好的世界。当然，对于一些复杂的问题，仅仅依靠"一带一路"是不行的。很多问题是"一带一路"无法解决的，比如霸权主义的干预、地区热点问题、国际恐怖主义问题等，这就需要汇集各方力量，推动国际体系和全球治理的有机融合，走向一个综合治理的新时代！

第八章
和平实践方案

　　和平是一种伟大的思想，更是无数扎实的行动。中国不仅是和平思想的重要智慧贡献者，更是和平行动的积极实践者。作为联合国安理会常任理事国，中国在不断贡献全球和平思想与和平智慧的同时，也十分强调为人类和平事业作出更大贡献，积极有为地为和平事业承担大国责任，贡献中国方案，提供公共产品。

　　"天下兴亡，匹夫有责"，面对世界和平发展领域的诸多重大挑战，中国提出了"和平发展""互利共赢""和谐世界""维护国际公平正义""正确义利观""人类命运共同体"等新理念，在实践中更是积极主动地在热点问题上致力于促进和平、消弭战端，坚定不移地始终做世界和平的建设者、全球发展的贡献者、国际秩序的维护者。尤其是在维和、护航、裁军、救援、对话、维权等问题上提出中国方案，贡献中国智慧，汇聚中国力量，在力所能及范围内承担更多国际责任和义务，提供更多公共安全产品，为维护世界和平、促进共同发展作出更大贡献。

第一节
维和

联合国维持和平行动，是当今世界的重要和平机制。自20世纪90年代以来，中国履行安理会授权，积极参与联合国维和行动，派出维和部队和维和军事专业人员，进驻指定国家或地区，在联合国主导下组织实施维和行动，承担监督停火、隔离冲突和工程、运输、医疗保障以及参与社会重建和人道主义援助等任务，致力于和平解决冲突，促进发展和重建，维护地区和平与安全。

1990年4月，中国第一次参加维和行动，向中东停战监督组织派遣了5名军事观察员。[①]1992年，向联合国柬埔寨维和任务区派出400人的工程兵大队，这是中国首次派遣成建制部队。据国务院新闻办公室发表的《中国人权法治化保障的新进展》白皮书介绍，自1990年至2017年8月，中国累计派出维和军事人员3.6万人次，先后参加了24项联合国维和行动，建成8000人规模的维和待命部队。中国参加维和行动的所有官兵均被授予联合国和平勋章，有3名军官和6名士兵在执行维和

---

① 《解放军总长：中国将积极参加联合国维和行动》，中新网2011年4月1日，http://www.chinanews.com/gn/2011/04-01/2946959.shtml。

2016 年 3 月 23 日，位于黎巴嫩南部辛尼亚村的中国赴黎维和部队营区，中国赴黎维和多功能工兵分队、建筑工兵分队、医疗分队共 410 名官兵被授予联合国"和平荣誉"勋章。

任务中牺牲，被授予联合国哈马舍尔德勋章。目前，中国是联合国安理会 5 个常任理事国中派遣维和军事人员最多的国家，是联合国 115 个维和出兵国中派出工兵、运输和医疗等保障分队最多的国家，是缴纳维和摊款最多的发展中国家。中国的维和行动反映了中国对和平的理解，具有鲜明的中国特色。

一、以和平护和平

积极参与联合国维和任务，是中国倡导并奉行人类命运共同体理念的具体体现。在参与联合国维和的过程中，中国积极学习维和规范，重视维和能力建设。2009 年 6 月，中国国防部建立了符合联合国规范的维和中心作为联合国的全球核心维和培训基地，在此后 5 年共为各国培训 2000 名维和人员。2015 年 9 月，习近平主席在纽约联合国总部出席联合国维和峰会时宣布，中国将加入新的联合国维和能力待命机制，建设 8000 人规模的维和待命部队。

同时，中国在参与联合国维和行动时，十分强调以对话和协商解决问题，反对以暴制暴。美国及一些欧洲国家自叙利亚危机爆发之初就对叙利亚展开制裁，甚至多次对叙利亚政府发出武力威胁。[①] 中国政府旗帜鲜明地反对美国等国家对叙利亚实施武力干预。中国先后于 2011 年 10 月、2012 年 2 月、2012 年 7 月、2014 年 5 月四次在安理会否决了美国等国家关于制裁叙利亚的提案。[②] 中国为同一问题在安理会四次行使否决权，这是空前的。中国不仅仅是反对美国的解决方案，也独立提出了中国的解决方案，为国际社会提供公共产品。2012 年 3 月 4 日，中国提出了叙利亚有关各方立即全面无条件停止一切暴力行为，立即开启不附带先决条件、不预设结果的包容性政治对话，支持联合国发挥主导作用，协调人道主义援助努力等六点建议。[③] 胡拉镇惨案发生后，中国又提出了立即停火止暴，尽快开启不附带先决条件、不预设结果的包容性政治对话，共同推进叙利亚问题的政治解决进程等四点主张。[④] 2013 年

① McCain calls for U.S. military leadership on Syria, http://edition.cnn.com/2012/06/18/us/syria-mccain/index.html.

② 《中国俄罗斯在安理会否决有关叙利亚问题决议草案》，新华网 2011 年 10 月 4 日，http://www.gov.cn/jrzg/2011-10/05/content_1963131.htm；《中国代表： 英美提交的涉叙决议草案"内容不平衡"》，新华网 2012 年 7 月 19 日，http://www.gov.cn/jrzg/2012-07/20/content_2187661.htm；《中俄否决联合国有关叙利亚问题决议草案》，中国网 2014 年 5 月 23 日，http://news.china.com.cn/2014-05/23/content_32466782_2.htm。

③ 《外交部进一步阐述中方对政治解决叙利亚问题主张》，新华网 2012 年 3 月 4 日，http://www.gov.cn/jrzg/2012-03/04/content_2082284.htm。

④ 《杨洁篪出席叙利亚问题"行动小组"外长会议》，人民网 2012 年 6 月 30 日，http://www.people.com.cn/h/2012/0701/c25408-2510297574.html。

2013 年 9 月 27 日，联合国安理会一致通过关于叙利亚化武问题的第 2118 号决议。

8 月，叙利亚化学武器袭击事件发生后，面对美国对叙利亚实施军事打击的威胁，习近平主席阐述了中方关于叙利亚问题的原则立场，强调"维护国际法和国际关系基本准则同禁止使用化学武器两条原则都要坚持。政治解决是唯一正确出路。动武无法从根本上解决问题，希望有关国家三思而后行"[①]。解决叙利亚问题的"中国方案"是中国独立提出来的，该方案缓解了紧张局势，避免了战争的爆发。正是由于中国等国家的努力，安理会通过了旨在销毁叙利亚化学武器的 2118 号决议，美国搁置了动武计划，为维护地区和平作出了重大贡献。

---

① 《习近平谈叙利亚问题：政治解决是唯一正确出路》，新华网 2013 年 9 月 6 日，http://news.xinhuanet.com/politics/2013-09/06/c_117266477.htm。

二、以发展促和平

中国参与维和的重点是保障联合国维和行动的顺利进行，参与冲突地区的国家重建。根据中国政府确立的原则，中国参加联合国维和行动，主要是向联合国提供军事观察员、民事警察和工程、医疗、运输等后勤保障分队。中国参与国际维和主要倾向于工程、医疗、排爆等民事范畴，这体现了中国维和重在服务当地人民的思路。

中国维和部队发扬特别能吃苦、特别能战斗、特别能奉献的优良作风，除了高标准完成巡逻、监督停火、联络、谈判等各项任务外，还为当地民众铺路架桥、维修车辆、运送物资、送医送药和传授农业种植技术。多年来，中国维和部队共新建、修复道路1万多公里、桥梁284座，排

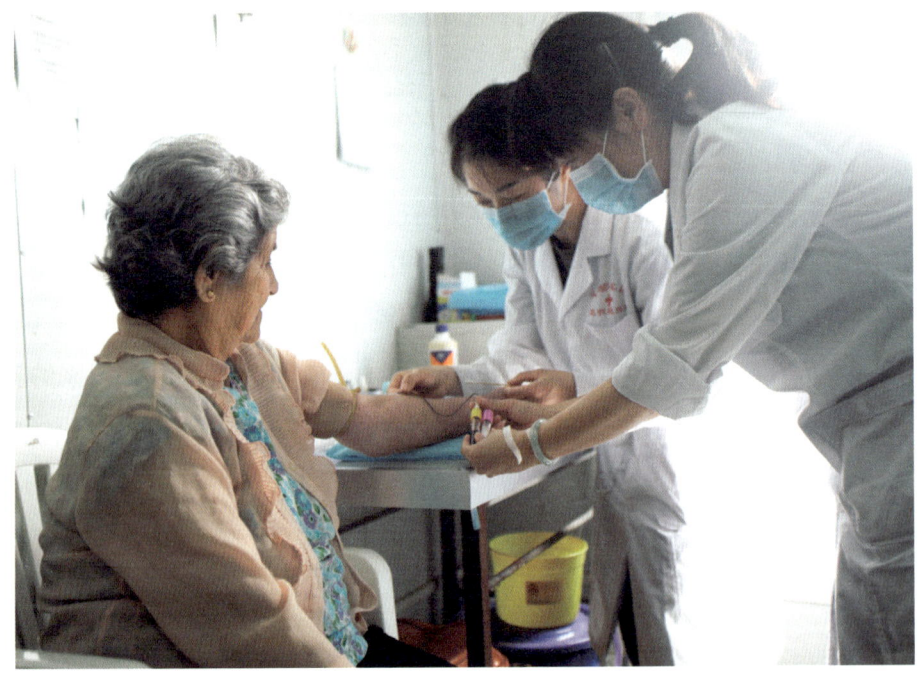

中国赴黎第十三批维和医疗队成员在黎巴嫩一个小村庄为当地居民提供免费医疗服务。

除地雷和各类未爆物 9000 多枚，运送物资 100 万吨，运输总里程 1100 多万公里，接诊病人 12 万人次。

中国维和部队在维和过程中，积极与当地民众开展民心相通，真诚友善地帮助当地民众，赢得了当地民众的称赞和信任，为和平奠定了坚实的基础。应联合国要求，中国除派出更多工程、运输、医疗人员参与维和行动外，还为一些国家培训维和人员、推行扫雷援助项目等。中国维和部队以实际行动传递着来自中国人民的善意，彰显了中国"爱和平、负责任"的大国风范。瑞典斯德哥尔摩国际和平研究所曾发表报告，称赞中国维和部队是"联合国任务部队中水平最专业、效率最高、训练最有素和最守纪律的队伍"。

三、以规范建和平

1956 年，时任联合国秘书长哈马舍尔德提出了"中立、同意、自卫"三项维和原则：维和行动不得妨碍有关当事国之权利、要求和立场，需保持中立，不得偏袒冲突中的任何一方；维和行动必须征得有关各方的一致同意才能实施；维和部队只携带轻武器，只有自卫时方可使用武力。三项原则受到世界各国普遍认可，也成为国际维和合法性的重要基础。中国参与国际维和坚持奉行中立、同意、自卫的三原则，并特别强调遵守《联合国宪章》，坚持实事求是、量力而行，重视与地区组织协作提高维和效果，持有联合国维和明确授权。

2015 年，中国国防部在其发布的《全军军事训练指示》中指出，中国军队将"统筹非战争军事行动训练，结合遂行任务摔打锻炼部队"。非战争军事行动能力建设，已经成为中国军队能力建设的训练重点之一，这也是中国军人越来越多地走向联合国维和工作岗位的原因之一。2015

年 9 月，习近平主席在出席联合国会议时表示，中国参加联合国维和要继续坚持《联合国宪章》和哈马舍尔德原则。 这是中国国家领导人首次公开提出遵守哈马舍尔德联合国维和原则，表明中国对于遵守国际规则的重视。中国维和官兵恪守联合国维和人员行为准则、交战规则和驻在国法律法规，尊重当地宗教信仰和风俗习惯，严格遵守任务区规定和中国维和部队规章制度，赢得了当地人民的信任。

第二节
护航

除了参加联合国维和行动之外，忠实履行国际义务，维护国际海上通道安全，也是中国和平方案的重要内容之一。近年以来，亚丁湾、索马里海域海盗日益猖獗，作案数量逐年递增。该海域频繁发生的海盗袭击事件，严重危及各国过往船只和人员安全，对各国国家利益构成重大威胁。针对亚丁湾、索马里海域的海盗行为，联合国安理会先后通过了4项决议，呼吁和授权世界各国到亚丁湾海域打击海盗。

根据联合国安理会有关决议并经索马里过渡联邦政府同意，中国政府于2008年12月26日派遣海军舰艇编队赴亚丁湾、索马里海域实施护航。主要任务是保护中国航经该海域的船舶、人员安全，保护世界粮食计划署等国际组织运送人道主义物资船舶的安全，并尽可能为航经该海域的外国船舶提供安全掩护，与多国护航力量进行交流合作，共同维护国际海上通道安全。截至2018年12月，中国先后派遣31批护航编队赴亚丁湾、索马里海域执行护航任务，多次成功驱逐或抓获海盗，圆满完成1198批护航任务，累计安全护送近6600余艘中外船舶，成功解救、接护和救助70余艘遇险的中外船舶，保持被护船舶和编队自身"两个百分之百安全"纪录,有力维护了国际海上交通重要运输线安全,有力展现了中国担当,为国际和平作出了重大贡献。

一是护航组织方式不断创新改进。中国海军护航兵力由驱护舰拓展到综合登陆舰、远洋救生船,护航方式在采用"全程伴航"战术基础上,拓展出专项护航、分批护航、接力护航、随船护卫等,护航舰艇完成一级反海盗部署速度快了 5 倍,直升机紧急出动时间快了 3 倍,特战队员部署到位时间快了 1 倍,护航效率不断提升。

二是远洋保障体系日益健全完善。中国海军护航编队积极适应长时间远距离高强度执行任务需要,依托护航实践不断取得远海综合保障体系建设新突破,探索出编队伴随自主保障、远程技术支援和应急前出支援相结合的保障模式,及时跟进拓展了护航卫勤医疗保障体系。

三是国际交流合作更加务实高效。护航期间,中国海军护航编队加强与多国护航海军交流和务实合作,建立了反海盗信息共享机制,常态

从 2008 年 12 月至今,中国已累计派出 30 多批护航编队远赴亚丁湾、索马里海域执行护航任务,圆满完成 6000 多艘中外船舶护航任务。

化开展联合演练、会面交流、医疗服务等交流活动，并根据地区形势和
国际人道主义援助请求，紧急调派舰船远赴地中海，与俄罗斯、丹麦、
挪威三国舰艇共同完成了 20 批叙化武海运联合护航任务。建立了结合
护航任务组织护航舰艇友好访问活动的新机制，编队成功对 60 多个国
家进行了友好访问，152 编队还完成了环球访问任务。中国海军护航编
队在联合护航、信息共享、协调联络等方面与俄罗斯开展联合护航行动，
与韩国、巴基斯坦、美国海军舰艇开展反海盗等联合演习演练，与欧盟
协调为世界粮食计划署船舶进行护航。与欧盟、北约等多国海上力量，
以及韩国、日本、新加坡等护航舰艇举行指挥官登舰互访活动，与荷兰
开展互派军官驻舰考察活动。积极参与索马里海盗问题联络小组会议以
及"信息共享与防止冲突"护航国际会议等国际机制。

2015 年 4 月，中国海军第十九批护航编队临沂舰抵达也门亚丁港，执行协助巴基斯坦等国撤离在
也门人员的国际人道主义救援任务。

　　四是积极履行国际人道主义义务。中国海军护航编队完成的 1000 多批近 6600 艘中外船舶护航任务中，外国船舶为 3400 艘次；解救、接护的船舶中，外国船舶占 50% 左右。积极承担了 12 艘次世界粮食计划署船舶的护航任务，紧急调派舰船执行马航失联航班搜救、赴马尔代夫提供淡水、赴也门撤离中外人员等紧急任务。为搭乘我 2142 名从利比亚紧急撤离同胞的船舶护航，从战乱的也门撤离 621 名中国公民和来自 15 个国家的 276 名外国公民，充分展示了中国负责任大国的良好形象和人民海军过硬的军政素质。

第三节
裁军

作为国家安全政策的组成部分和减少战争危险的有效措施之一，裁军与军备控制历来受到国际社会的普遍重视。向往和平的人们往往寄希望于销毁武器，或者是至少对现有武器进行严格控制，以此来限制暴力行为。在中国的战略文化中，历来强调上兵伐谋，强调不战而屈人之兵，将武力和军队看作是"凶器"。中国共产党更是把战争视作政治的继续，强调战争的政治性而非暴力性，不仅一直坚持防御性国防政策，而且十分重视裁减军备和加强军备控制，提出了一系列和平方案。

一、坚持防御性国防政策

中国始终不渝奉行独立自主的和平外交政策和防御性国防政策，反对各种形式的霸权主义和强权政治，不干涉别国内政，永远不争霸，永远不称霸，永远不搞军事扩张。中国的国防政策是防御性的，基本目标是巩固国防，抵御外敌侵略，捍卫国家领土、领空、领海主权和海洋权益，维护国家统一和安全。中国的国防建设服从和服务于国家经济建设大局，

坚持走"平战结合""军民结合"的发展道路，中国不谋求世界或地区的
霸权，中国不在外国派驻军队，不在外国建立军事基地，中国的国防建
设不针对任何国家，不对任何国家构成威胁。

　　最能体现中国防御性国防政策的典型案例是中国提出了"不首先使
用核武器"的政策。中国在发展核武器问题上一贯持十分克制的态度，
核武库一直维持在十分有限的水平。中国的核武器始终以自卫为目的，
不威胁别国，不参加核军备竞赛，在核试验方面也始终保持克制。中国
政府历来反对核讹诈和核威慑政策。作为一个核武器国家，中国从不回
避自己应负的责任，主张核武器国家应承诺不首先使用核武器，曾多次
建议核国家谈判缔结互不首先使用核武器的国际条约。1994 年 1 月，中
国正式向美、俄、英、法等国提出了《不首先使用核武器条约》草案，

2015 年 4 月 27 日，纽约联合国总部举行《不扩散核武器条约》审议大会，时任中国外交部副部长
李保东在会上发言。

并建议五个核国家尽早在北京就此进行首轮磋商。1995 年 4 月 5 日，中国再次正式声明，重申无条件向所有无核国家提供"消极安全保证"，并承诺向这些国家提供"积极安全保证"。中国的上述主张得到了广大无核国家的支持。

此外，中国在反导问题上也提出了基于全球战略稳定和大国互信的方案。中国一贯认为，应慎重处理反导问题，搞冷战式的军事同盟、构筑全球和地区反导体系，既不利于构建战略稳定与互信，也不利于构建包容性的全球及地区安全格局。各国既要考虑本国安全利益，也要尊重别国安全关切，遵循维护全球战略稳定和各国安全不受减损的原则，共同营造和平稳定、平等互信、合作共赢的国际安全环境。2016 年 7 月 8 日，美国和韩国不顾包括中方在内有关国家的明确反对立场，宣布将在韩国部署"萨德"反导系统。这种做法严重破坏地区战略平衡，严重损害包括中国在内的本地区国家战略安全利益，与维护半岛和平稳定的努力背道而驰。中国坚决反对美韩在韩国部署"萨德"反导系统，强烈敦促美韩停止有关进程。

二、推动国际裁军进程

基于和平与发展的愿望，中国积极维护国际和平、安全与稳定，高度重视裁军，一贯反对军备竞赛，主张通过军控与裁军减少和消除战争危险。中国疆域辽阔、人口众多，保持一定规模的常备军是维护中国国家安全的正当需要。然而，与当时国际上两大军事集团的军备竞赛形成明显对比的是，中国坚持单方面裁军的原则。1985 年 5 月，中国宣布中国人民解放军将裁减员额 100 万。这是中国多次单方面裁军行动中最有代表性的一次，表明了中国积极推动裁军的决心。经过多轮裁军，中国人民解放军总员额从新中国成立初期大约 627 万裁减为目前大约 200 万左右。

中国一贯认为，争取实现裁军，维护世界和平，需要世界各国的共同努力。自 1971 年恢复在联合国的合法席位后，中国更加积极地参与联合国裁军会议、日内瓦裁军谈判系列国际会议、联合国裁军与发展会议等国际军控与裁军活动，多次派人参加由联合国主持的有关研究裁军和安全问题的专家组、讨论会，认真负责地为拟订公正合理的研究报告作出自己的贡献。在国际军控与裁军活动中，中国一贯积极支持广大第三世界国家提出的合理建议和主张，尊重并支持有关国家根据本地区的实际情况，在自行协商、自愿协议的基础上建立无核区的要求，支持有关国家建立朝鲜半岛、南亚、东南亚和中东等无核区的主张。在双边领域，中国与一些国家定期或不定期进行军备控制与裁军问题的磋商。

此外，中国重视区域裁军问题。从 1991 年开始，中国就向联合国裁军审议委员会提交了关于区域裁军的工作文件，提出一整套原则立场，基本被联合国裁军审议委员会的最后文件所采纳。中国一贯重视同周边国家的睦邻友好关系，积极推动建立双边信任措施。比如中俄首脑联合发表了关于"互不首先使用核武器、互不将各自的战略核武器瞄准对方"的声明。中印缔结了《在边境实际控制线保持和平与安宁的协定》。中国还应乌克兰、哈萨克斯坦的请求，发表了关于中国向两国提供安全保证的声明。

三、加强军备控制

包括敏感材料与军事装备转让在内的军备控制也是影响和平进程的重要问题。中国一贯主张全面禁止和彻底销毁大规模毁伤性武器，奉行不主张、不鼓励、不从事大规模毁伤性武器扩散和不帮助别国发展大规模毁伤性武器的政策。同时，中国也认为不扩散不能无视各国、特别是广大发展中国家和平利用核能的正当权益和要求，更不能采取双重标准，以防止核扩散为借口限制和损害发展中国家和平利用核能。

在核武器控制问题上，中国支持《不扩散核武器条约》关于防止核武器扩散、推进核裁军进程和促进和平利用核能国际合作的三大目标。自 1992 年加入后，严格履行条约关于保障监督等各项义务，并与国际原子能机构在这些方面进行充分合作。中国的核出口遵循三项原则：仅用于和平目的；接受国际原子能机构的保障监督；未经中国允许不得向第三国转让。中国的核出口由政府指定的专门公司经营，有关政府部门对出口申请逐案审批。中国出口的核材料和核设备均提交国际原子能机构保障监督。中国从未出口过铀浓缩、后处理和重水生产等敏感技术。

在化学武器控制上，中国主张全面禁止和彻底销毁化学武器。中国不生产、不拥有化学武器。中国是《关于禁止发展、生产、储存和使用化学武器及销毁此种武器的公约》的首批签署国，并以认真和建设性的态度参加了禁止化武组织筹委会的工作。在生物武器控制上，中国主张全面禁止和彻底销毁生物武器，既反对任何国家生产生物武器，也反对任何国家以任何方式扩散此种武器。1984 年，中国参加了《禁止细菌（生物）及毒素武器的发展、生产及储存以及销毁这类武器的公约》，认真、全面地履行所承担的公约义务。1987 年以来，中国一直按该公约审议会的决定，逐年向联合国报告与公约有关的资料和情况。

在军事装备及其技术转让问题上，中国尊重世界各国按照《联合国宪章》有关原则拥有维护自身安全的自卫权利，也关切武器装备的过度积累对世界安全和地区稳定产生的不利影响。中国对常规武器转让一贯坚持以下原则：武器出口应有助于接受国的正当防卫能力；不损害有关地区和世界的和平、安全与稳定；不利用军贸干涉主权国家的内政。中国对武器装备及其技术转让实行严格管制，建立了相应的管理机构和运行机制。中国对外经营武器装备及其技术转让的部门和公司必须得到政府授权和注册批准，严格按照批准的经营范围从事活动。未经政府审查批准，私自转让武器装备及其技术的公司或个人，将受到严厉的法律制裁。

第四节
救援

中国积极参加国际灾难救援和人道主义援助，向有关受灾国提供救援物资与医疗救助，派出专业救援队赴受灾国救援减灾，为有关国家提供扫雷援助，开展救援减灾国际交流，为国际和地区和平事业作出了独特的贡献。

一、"授人以渔"，不附带任何政治条件的援助观

作为世界上最大的发展中国家，中国坚持把中国人民的利益同各国人民的共同利益结合起来，在南南合作框架下向其他发展中国家提供力所能及的援助，支持和帮助发展中国家特别是最不发达国家减少贫困、改善民生。

在发展进程中，中国提供对外援助，坚持不附带任何政治条件，不干涉受援国内政，充分尊重受援国自主选择发展道路和模式的权利。相互尊重、平等相待、重信守诺、互利共赢是中国对外援助的基本原则。为促进实现"千年发展目标"，中国对外援助资金更多地投向低收入发

展中国家。

中国坚持"授人以渔"的援助理念，通过优惠贷款、技术支持、人员支持、智力支持、建立民生改善项目等形式，帮助发展中国家实现发展致富，与其他发展中国家分享发展经验和实用技术，帮助发展中国家培养人才，增强自主发展的造血功能。中国对外援助方式主要包括援建成套项目、提供一般物资、开展技术合作和人力资源开发合作、派遣援外医疗队和志愿者、提供紧急人道主义援助以及减免受援国债务等。支持其他发展中国家减少贫困和改善民生，是中国对外援助的主要内容。中国重点支持其他发展中国家促进农业发展，提高教育水平，改善医疗服务，建设社会公益设施，并在其他国家遭遇重大灾害时及时提供人道主义援助。2018年，中国成立了国际发展合作署，有利于进一步优化援

2014年12月23日，由中国政府援助实施的"中柬农业促进中心"项目在金边签约，该项目计划将中国先进的农业科技技术在柬埔寨进行推广，并培训大量柬埔寨农业技术人员。

外工作,更好地为国际发展事业作贡献。今天,成千上万的中国工程师、企业家和技术人员正奋斗在众多发展中国家广阔的土地上,帮助他们勤劳致富、改变命运。

二、"雪中送炭",开展国际灾难救援和人道主义援助

中国积极参与国际人道主义救助,哪里有危难,哪里就有中国。

2015 年西非埃博拉疫情爆发,中国政府启动了最大规模对外人道主义救援行动。当人们都急切逃离西非疫区时,中国医护人员却冒着生命危险义无反顾奔赴疫区,先后达 1000 多人次。中国向疫区国家提供了 7.5 亿元人民币紧急人道主义援助和大批急需医疗物资。利比里亚的最后一名埃博拉患者就是从中国的诊疗中心走出来的。中国率先驰援非洲埃博拉疫区及周边国家,关键时刻为非洲国家雪中送炭,帮助他们渡过难关。

中国参与国际医疗交流与合作,增进了与各国的友谊和互信。海军"和平方舟"号医院船自 2008 年底入列以来,截至 2018 年 6 月,累计航程近 20 万海里,航时 15000 余小时,航迹远及 37 个国家,为 18 万余人次提供医疗服务。近年来,中国国际医疗队还结合参加人道主义医疗联合演练,积极为加蓬、秘鲁、印度尼西亚等国家的民众提供医疗服务。

中国政府在灾害管理领域与各方不断完善官员互访、信息共享、人员培训、技术交流、模拟演练、科研合作、物资储备、紧急救援等机制,加强亚太区域多边和双边救灾务实合作,共同提升地区减灾救灾能力。2001 年以来,由北京军区工兵团官兵、武警总医院医护人员和中国地震局专家组成的中国国际救援队,已先后参加 10 次国际灾难救援行动,包括海地地震、巴基斯坦特大洪灾、日本大海啸等救援、卫生防疫工作。

中国政府高度重视地雷引发的人道主义问题,积极支持和参与国际

2016年1月13日，几内亚总统阿尔法·孔戴向中国援助几内亚第24批医疗队全体成员颁发总统府奖状，表彰他们为抗击埃博拉疫情、发展几内亚医疗事业所作出的贡献。

扫雷援助活动。1999年以来，人民解放军通过举办扫雷技术培训班、专家现场指导、援助扫雷装备等方式，配合国家相关部门向亚洲、非洲、拉丁美洲近40个国家提供扫雷援助，为外国培训扫雷技术人员400多名，指导扫除雷场20多万平方米，捐赠价值约6000万元人民币的扫雷装备器材。

三、坚持正确义利观

义利问题，即道义和利益的关系问题，是中国传统文化中的一个核心问题。在对外援助问题上，中国强调要有原则、讲情谊、讲道义，多向其他国家提供力所能及的帮助。

中共十八大以来，以习近平同志为总书记的新一届中央领导集体在秉承中华文化中的"义利观"和新中国外交优良传统的基础上，针对中国外交面临的新形势和新任务，提出树立"正确义利观"，强调只有坚持正确义利观，才能把工作做好、做到人的心里去。所谓正确义利观，就是中国在处理对外关系时所坚持的基本原则，核心是坚持义利并举、义重于利。

习近平主席提出的正确义利观，不是单纯强调追求一国私利，而是基于共同利益基础上的互利双赢，也不是单纯强调单方面的特殊道义，而是强调基于普遍道义基础上的国际公平正义。在涉及到具体的国家利益问题上，特别是在关于发展经济、改善民生、保护环境等发展利益和民生利益问题上，中国将坚持互利共赢、共同发展的原则，努力实现中国人民根本利益和发展中国家共同利益相统一，达到互利共赢。对那些长期对华友好而自身发展任务艰巨的周边和发展中国家，要更多考虑对方利益，不要损人利己、以邻为壑。当然，在具体问题的处理上，将上述三个要素统一起来并不容易，需要中国外交在实践中积极探索，开拓创新，将正确义利观在具体问题上落到实处。

第五节
对话

外交是和平处理国家间关系的科学和艺术，是和平事业的最重要组成部分。国与国之间存在着众多矛盾和分歧，通过对话和谈判达成双方能够接受的协议是争议双方赢得和平的一种重要方式。面对世界上的众多热点问题，中国始终坚持对话谈判和平等协商的原则立场，强调通过政治渠道化解分歧，赢得了国际社会的高度评价。

一、探寻热点问题的对话解决之道

在朝鲜半岛核问题上，中国的立场一贯而明确，坚持实现半岛无核化，坚持维护半岛和平稳定，坚持通过对话协商解决问题。在中国和国际社会的共同努力下，朝鲜半岛形势出现缓和，朝鲜最高领导人金正恩与韩国总统文在寅在板门店成功会晤，与美国总统特朗普在新加坡和越南河内会晤，半岛核问题正在朝着政治解决的方向前进。中国致力于推进半岛无核化和建立半岛和平机制的方案，经受了实践考验，为实现半岛持久和平作出了重要努力和突出贡献。

在伊朗核问题上，中方主张所有各方从长远和大局出发，坚持伊朗核问题政治外交解决方向，妥善管控分歧，共同维护伊核问题全面协议，尽快回到继续执行全面协议的正确轨道上来。2015 年 7 月 20 日，联合国安理会一致通过伊朗核协议。根据协议，伊朗同意不提炼丰度 5% 以上的浓缩铀，停建阿拉克重水反应堆，并允许更多核查，有关六国将不追加对伊新制裁并松绑部分现有制裁。然而，美国特朗普政府在 2018 年 5 月 8 日宣布退出伊朗核协议，对此，中国坚持伊核全面协议应得到遵守，国际规则应得到维护，各国正当利益应得到保障，对话协商应当坚持，努力为伊朗核问题的和平解决创造条件。

在叙利亚问题上，中方一贯反对在国际关系中动辄使用武力，主张有关方面应在国际法框架内，通过对话协商解决问题。叙问题军事解决没有任何出路，政治解决是唯一现实选择。中方主张在对话和谈判基础上形成可持续的政治解决方案，通过"叙人所有、叙人主导"的政治进程，找到符合叙各方立场、兼顾各方关切的解决方案。在此过程中，叙利亚的主权、独立、统一和领土完整应当得到尊重和维护。

在阿富汗问题上，中方认为阿富汗的事情归根结底要由阿富汗人民作主，国际社会必须切实尊重阿人民自主选择政治制度和发展道路的权利，并根据阿国家发展战略和具体需要，有针对性地帮助阿政府提高施政能力。政治对话是解决阿富汗问题的唯一出路，阿各方应以国家长远利益和人民福祉为重，积极参与和解进程。中国积极支持阿富汗和平重建，支持"阿人主导、阿人所有"的包容性政治和解进程，推动阿有关各方开启和谈解决国家重建问题。

在中东问题上，中方坚持认为巴勒斯坦问题是中东问题的核心，是中东和平的根源性问题，应坚持"两国方案"，以联合国有关决议为基础，早日重启和平谈判，解决边界、定居点、耶路撒冷地位和难民等问

2018年9月17日，中国国务委员兼外长王毅出席在纽约联合国总部召开的安理会朝鲜半岛问题公开会。

题。中方一贯尊重中东和北非地区国家的主权、独立、统一和领土完整，主张通过对话协商而非武力解决地区冲突，坚定支持联合国斡旋调停努力的主渠道作用，呼吁通过政治途径找到符合地区实际、兼顾各方利益的解决方案，维护当事国的主权和领土完整，尊重地区国家的正当诉求。作为最大的发展中国家，中方愿通过"一带一路"倡议框架，加强同中东和北非地区各国的务实合作，为实现地区发展和繁荣作出贡献。

二、发展新型军事关系

新型军事关系是增进战略互信、夯实和平基础的重要渠道。2015年6月，中央军委副主席范长龙在访美期间，首次提出新型军事关系的方案。新型军事关系的核心内涵是"互信、合作、不冲突、可持续"。其中，互信是前提，合作是目标，不冲突是底线，可持续是保障。具体地说，没有互信就不会真诚合作；合作多了互信就会增强；有了互信与合作，才有可能不发生冲突，实现可持续发展。①

中国人民解放军坚持不结盟、不对抗、不针对第三方的方针和战略互惠、平等参与、对等实施的原则，与外国军队开展多层次、多领域、多军兵种的双边多边联演联训。2002 年以来，中国人民解放军依据协议或约定与众多国家举行了数百次联合演习和联合训练，对于促进政治军事互信、维护地区安全稳定和加强军队现代化建设发挥了积极作用。

在推动建立新型军事关系方面，中方进行了不懈的努力。深化中俄两军在两国全面战略协作伙伴关系框架下的交流合作，逐步构建全面多元、可持续的机制架构，推动两军关系向更广领域、更深层次发展。构建与中美新型大国关系相适应的中美新型军事关系，加强防务领域对话、交流与合作，完善重大军事行动相互通报信任措施机制和海空相遇安全行为准则，增进互信、防范风险、管控危机。按照"亲诚惠容"的周边外交理念，巩固和发展与周边国家军事关系。提升与欧洲国家军事关系水平，发展与非洲、拉美、南太平洋国家的传统友好军事关系。深化上海合作组织防务安全合作，参加东盟防长扩大会、东盟地区论坛、香格里拉对话会、雅加达国际防务对话会、西太平洋海军论坛等多边对话与合作机制，举办香山论坛等多边活动，推动建立有利于亚太地区和平稳定繁荣的安全和合作新架构。

三、推动建立区域安全架构

除了推动新型军事关系之外，中国还注重开展多边安全对话，构建

---

① 梁国宏：《中美军方关键时刻的握手——彰显两国对发展中美两军关系的高度重视，以及增进了解、加强互信的共同愿望》，《中国国防报》2015 年 6 月 16 日，第 2 版。

2014 年 8 月 29 日，"和平使命—2014"上海合作组织成员国武装力量联合反恐实兵演习在内蒙古朱日和训练基地举行。

区域安全架构。尤其是在亚太地区，中方认为，维护亚太长治久安，关键在于构建面向未来、符合地区实际、满足各方需要的安全架构，强调地区安全架构建设应是地区国家的共同事业，主张有关双边军事同盟应增加透明度，避免对抗性，为地区和平稳定发挥建设性作用。

中国推动构建亚太安全架构，不是另起炉灶，不是推倒重来，而是对现有机制的完善和升级。当前，应继续以非传统安全合作领域为重点，从易到难，由浅入深，积累互信，逐步为构建地区安全架构夯实基础。安全架构和经济架构作为整个地区架构的主要组成部分，应统筹考虑，同步推进，相互促进。一方面，通过不断完善安全架构，确保经济发展所需要的和平稳定环境；另一方面，通过加快推进区域经济一体化，为安全架构建设提供稳固的经济社会支撑。

第六节
维权

中国坚持走和平发展道路，但决不放弃正当权益，决不牺牲国家核心利益。尤其是进入 21 世纪以来，中国在外交中越来越强调国家核心利益。2011 年 9 月 6 日，中国国务院新闻办公室发表《中国的和平发展》白皮书，首次明确界定了中国的核心利益："中国坚决维护国家核心利益。中国的核心利益包括：国家主权，国家安全，领土完整，国家统一，中国宪法确立的国家政治制度和社会大局稳定，经济社会可持续发展的基本保障。"[①] 中共十八大后，习近平总书记多次强调，"我们要坚持走和平发展道路，但决不能放弃我们的正当权益，决不能牺牲国家核心利益。任何外国不要指望我们会拿自己的核心利益做交易，不要指望我们会吞下损害我国主权、安全、发展利益的苦果。"[②] 很明显，在任何场合下，中国都不会拿核心利益做交易。

---

① 《中国的和平发展》白皮书，人民网 2011 年 9 月 6 日，http://politics.people.com.cn/GB/1026/15598625.html。

② 《习近平：更好统筹国内国际两个大局 夯实走和平发展道路的基础》，人民网 2013 年 1 月 30 日，http://theory.people.com.cn/n/2013/0130/c40531-20370765.html。

一、提出"和平统一，一国两制"的伟大构想

邓小平指出，统一问题，"首先是个民族问题，民族感情的问题。凡是中华民族子孙，都希望中国能统一，分裂状况是违背民族意志的"[1]。作为近现代历史的一系列遗留问题，香港问题、澳门问题、台湾问题成为祖国统一的重要障碍。为和平解决国家统一问题，中国提出了"一国两制"的伟大构想。

"一国两制"的构想最早是针对解决台湾问题提出的，但首先运用于香港回归。[2] "一国两制"的基本内容包括："一国两制"的基础和政治前提是一个中国，即全中国的领土完整和主权不可分割，在国际上代表中国的是中华人民共和国政府；核心是和平统一祖国，两种制度长期共存，主体是社会主义；"一国两制"的基本方针长期不变，且有法律保证。1997年7月1日，中国恢复对香港行使主权，1999年12月20日，中国恢复对澳门行使主权。香港和澳门顺利回归用事实充分证明，用"一国两制"解决国家统一问题是正确的，也是可行的。

"一国两制"在香港、澳门的成功实践，为解决台湾问题提供了经验，创造了条件，对实现祖国的完全统一具有深远的意义。习近平总书记指出，解决台湾问题，实现祖国完全统一，必须继续坚持"和平统一，一国两制"方针，推动两岸关系和平发展，推进祖国和平统一进程。为此，必须坚持一个中国原则，坚持"九二共识"，一个中国原则是两岸关系的政治基础。同时，必须坚定反对"台独"这一两岸关系和平发展的最大现实威胁。

---

[1] 《邓小平文选》（第3卷），北京：人民出版社，1994年，第170页。

[2] 中共中央宣传部编：《邓小平同志建设有中国特色社会主义理论学习纲要》，北京：学习出版社，1995年，第81页。

2017 年 7 月 1 日，庆祝香港回归祖国 20 周年大会暨香港特别行政区第五届政府就职典礼在香港会展中心隆重举行。

二、提出"主权属我、和平解决、搁置争议、共同开发"的方针

中国一贯提倡平等、务实、共赢的海上安全合作，坚持以《联合国宪章》的宗旨和原则，公认的国际法和现代海洋法，包括《联合国海洋法公约》所确定的基本原则和法律制度以及和平共处五项原则作为处理地区海上问题的基本准则，坚持合作应对海上传统安全威胁和非传统安全威胁。维护海上和平安全是地区国家的共同责任，符合各方的共同利益。中国致力于与各方加强合作，共同应对挑战，维护海上和平稳定。

20 世纪 80 年代，针对南海岛礁归属争议问题，邓小平指出："把主权问题搁置起来，共同开发，这就可以消除多年来积累下来的问题。"按照这一思想，中国政府在 1990 年提出了和平解决南沙问题的十六字

方针："主权属我，和平解决，搁置争议，共同开发"。中共十八大以来，中国确立了建设海洋强国的战略。习近平总书记在主持中共中央政治局第八次集体学习时指出，要维护国家海洋权益，着力推动海洋维权向统筹兼顾型转变，"要统筹维稳和维权两个大局，坚持维护国家主权、安全、发展利益相统一，维护海洋权益和提升综合国力相匹配。要做好应对各种复杂局面的准备，提高海洋维权能力，坚决维护我国海洋权益。习近平总书记指出，要坚持用和平方式、谈判方式解决争端，努力维护和平稳定。"要坚持"主权属我，和平解决，搁置争议，共同开发"的方针，推进互利友好合作，寻求和扩大共同利益的汇合点。

"主权属我"的含义是：南海诸岛及其附近海域自古以来就是中国领土，中国对此拥有无可争辩的历史依据和法理依据，主权归属中国，毋容置疑。"和平解决"是指以和平方式为主要的解决手段，但和平方式并不排除武力防卫的正当权利，在力争以和平方式解决的同时，需要武力的充分戒备，慎战而不惧战，敢战方能言和，备战才能免战，这才是和平解决的应有之义。"搁置争议"是指在主权属我的前提下，条件不成熟时，各方搁置相互之间的矛盾及分歧，在不具备彻底解决争议的条件下，可先不谈主权归属，把争议先搁置起来。"共同开发"是指中国与周边某些国家之间，在南海争议区内的合作开发、利益共享。广义的共同开发是指中国、南海周边国家及区外国家均可在南海争议区内进行合作开发、利益共享。"共同开发"的目的是通过合作，增进互信，扩大共识，为最终和平解决争端创造条件。但是，这一切的前提是"主权属我"。

在南海问题上，中国对南沙群岛及其附近海域拥有无可争辩的主权，始终坚持通过谈判协商和平解决争议，坚持通过制定规则和建立机制管控争议，坚持通过互利合作实现共赢，坚持维护南海和平稳定及南海航行和飞越自由。中国与东盟国家就南海问题保持密切沟通对话，在全面有效落实《南海各方行为宣言》框架下深化海上务实合作，稳步推进"南海行为准则"磋商，不断取得积极进展。中国坚决反对个别国家为一己私利在本地区挑动是非。对于侵犯中国领土主权和海洋权益、蓄意挑起事端破坏南海和平稳定的挑衅行动，中国将不得不作出必要反应。任何将南海问题国际化、司法化的做法都无助于争议的解决，相反只会增加解决问题的难度，危害地区和平与稳定。

南海问题的妥善解决是中国建设海洋强国的重要步骤。中共十八大以来，习近平总书记引领大国外交新局面，面对复杂的南海局面，用中国式智慧开创化解南海问题新模式。2014年8月10日，外交部长王毅首次提出南海双轨方案，内容为有关争议由直接当事国通过友好协商谈判寻求和平解决，而南海的和平稳定则由中国与东盟国家共同维护，两

2017年5月17日至18日，中国与东盟国家在贵州省贵阳市举行落实《南海各方行为宣言》第14次高官会和第21次联合工作组会，会议审议通过了"南海行为准则"框架。图为各国与会官员合影。

者相辅相成、相互促进，有效管控和妥善处理具体争议。南海问题涉及中国国家主权、海洋权益以及与邻国间的双边关系，通过和平方式和双边谈判途径解决南海问题符合有关各方的利益，也有利于维护南海地区的和平与稳定。中国和南海相关国家一起落实《南海各方行为宣言》，制定"南海行为准则"，强调通过友好协商和谈判，以和平方式解决南海有关争议。在争议解决之前，各方承诺保持克制，不采取使争议复杂化和扩大化的行动，并本着合作与谅解的精神，寻求建立相互信任的途径，包括开展海洋环保、搜寻与求助、打击跨国犯罪等合作。

中日在东海存在钓鱼岛主权归属问题和海域划界问题。中国强调钓鱼岛及其附属岛屿是中国的固有领土，中国对钓鱼岛的主权有着充足的历史和法理依据。中日就东海有关问题保持对话，举行了多轮海洋事务高级别磋商，围绕东海海空危机管控、海上执法、油气、科考、渔业等问题进行沟通，达成多项共识。中方愿继续通过对话磋商妥善管控和解决有关问题。中韩就海域划界有关问题广泛深入交换了意见，并于2015年12月启动海域划界谈判。

结语

中国特色与世界意义

和平是人类社会最大的公共产品，每一个人都从和平的阳光雨露中受益。然而，相比当今世界形形色色的冲突和矛盾而言，和平始终是供不应求。几乎从人类社会诞生的那一刻起，人类对于和平的梦想便根深蒂固，一代代志士仁人从没有停止过追寻和平梦想的脚步，每一个族群和每一种文明都对人类和平事业作出了或多或少的智慧贡献。全球和平的中国方案，有着鲜明的中国特色，也有着深远的世界意义。

第一节
中国特色

和平是一门伟大的学问，更是一项伟大的事业。在诸多人类文明对和平的贡献行列中，作为一个有着五千年悠久历史的文明古国，中国对人类和平事业作出了不凡的贡献。无论在和平思想上，还是在和平方案和和平实践上，中国的贡献都可圈可点，得到了国际社会的公认。尤其是中华人民共和国成立以后，中国先后经历了从站起来到富起来，再到强起来的伟大历程，在继承中华文化"天下一家""和为贵""协和万邦""和而不同""兼爱非攻"等和平智慧的基础上，先后提出了和平共处五项原则、和平发展道路、总体国家安全观、"一带一路"倡议、新型国际关系、人类命运共同体等众多新和平方案，具有鲜明的中国特色。

一、天下情怀

中国方案的鲜明特点是家国意识和天下情怀。在中国人的理念体系中，整个世界是一个家国、天下与天命紧密连接的整体，家国观念、天下情怀和天命信仰是有机结合在一起的，家庭、国家、世界三位一体，是中国人的世界观传统和优势所在。从这个角度来说，人类命运共同体的方案不是中国人的心血来潮，而是推己及人、兼济天下情怀的合理延伸，人类命运共同体搞得好不好，全球治理搞得好不好，直接影响甚至决定着能否实现中华民族伟大复兴的"中国梦"。显然，中华文明不把关注的焦点放在不同身份之间的"权力分配"形式上，而是对各种形式的安排保持了一种开放的视野，努力汲取各种文明的优秀成果，更关注政治秩序的结果，不大在乎政治秩序的形式。在国与国之间的关系上，西方人关注霸权，中国人重视王道。"人民对美好生活的向往，就是我们的奋斗目标。"中国倡导构建人类命运共同体不是谋求势力范围，而是谋求天下长治久安、共同繁荣的美好前景。中国方案强调将中华文明与时代潮流相结合，推动不同文明在兼容并蓄、交流互鉴中释放新的发展活力，以和平、发展、合作、共赢的理念来超越不同国家、不同民族和不同宗教之间的隔阂、纷争和冲突，建设一个更加包容、更加美好的世界。

二、文化关怀

每一种文明都有独特的解决问题之道。面对人类社会爆发的各种利益冲突和认同冲突，不同文明作出不同的回答。中国是礼仪之邦，相比其他文明，中华文明不喜欢用武力解决问题，强调用文治德教解决问题，具有强烈的文化关怀。在解决相关冲突问题时，中国传统文化历来强调"先礼后兵""不战而屈人之兵""修文德以来之"等和平手段，向往"万国咸宁"、邻邦友好、天下一家、永世太平的理想世界。

近代以来，面对山河破碎的危局，以康有为、梁启超、孙中山等为代表的民主思想家，一直坚持"天下为公，世界大同"的政治理想，强调和平统一，大同博爱，王道天下，认为"有了很好的道德，国家才能长治久安"[①]。新中国成立以来，从系统阐述和平共处五项原则，到提出"和平统一、一国两制"的伟大构想，从提出走和平发展道路，构建和谐世界，一直到提出构建新型国际关系和构建人类命运共同体，贯穿始终的立足点都是尊重不同文化和文明之间的差异，重视以推动文化交流创建和平基础。诚如习近平主席所言，"文化就像一个绵延不断的河流，源头来自远古，又由许多支流、干流汇合而成。文化交流是民心工程、未来工程，潜移默化、润物无声"，"文化因交流而丰富，心灵因交流而沟通，友谊因交流而加深"，中国提出的和平方案，始终强调讲道理，用道德原则来代替暴力冲突，用文化交流来化解矛盾摩擦，是一种充满文化关怀的方案。

三、包容胸怀

西方人的思维方式是一种逻辑思维，主张"分"，坚持二元对立，提出了一系列对立概念，诸如主体和客体、本质和现象、运动和静止等等。因此，西方国家往往把国际社会视作"无政府状态"，是一个残忍的角斗场，是一个你死我活的险恶环境。在这样的环境下，各国由于更多地考虑相对收益和提防欺诈行为，国家间的合作通常难以实现，而且总是难以持久[②]。

相比之下，中国方案更强调不同文明之间的相互尊重和彼此包容，尊重世界多样性，主张世界各种文明、社会制度和发展模式应该相互交

---

① 中国社会科学院近代史所编：《孙中山全集》（第 8 卷），北京：中华书局，1985 年，第 242 页。

② 约翰·米尔斯海默著：《大国政治的悲剧》，王义桅、唐小松译，上海：上海人民出版社，2003 年，第 64 页。

2017 年 12 月 1 日，中国共产党与世界政党高层对话会在北京人民大会堂举行，120 多个国家近 300 个政党和政治组织的领导人参会。图为中共中央总书记、中国国家主席习近平与外方主要嘉宾合影。

流和相互借鉴，在和平竞争中取长补短，在求同存异中共同发展。习近平主席提出推动构建新型国际关系、建设人类命运共同体的重要思想，强调"中国需要了解世界，世界也需要了解中国"，在国际事务中强调求同存异、聚同化异，从不强加于人。2017 年 12 月 1 日，习近平主席在中国共产党与世界政党高层对话会上的主旨讲话中更是强调，我们不"输入"外国模式，也不"输出"中国模式，不会要求别国"复制"中国的做法。[①] 这些都是和合外交思想底色所决定的，几十年来，"求同存异"的包容精神一直贯彻始终，成为中国和平思想和中国方案的重要特色。

① 习近平：《携手建设更加美好的世界——在中国共产党与世界政党高层对话会上的主旨讲话》，《人民日报》2017 年 12 月 2 日。

第二节
世界意义

　　面对全球和平赤字、发展赤字和治理赤字，在继承中华五千年优秀传统文化基础上，中国提出了一系列全球和平的中国方案，实现了全球和平的道路创新、理论创新、制度创新和文化创新，推动中国成为当今世界一支重要的和平力量，对维护世界和平和促进共同发展具有伟大的世界意义。

一、道路创新

　　在长期的实践探索中，中国坚持走和平发展道路，不仅坚定不移做和平发展的实践者，更要做和平发展的捍卫者、共同发展的推动者、多边贸易体制的维护者、全球经济治理的参与者。这是和平道路的伟大创新。习近平总书记在中央政治局第三次集体学习时强调，中国要坚定不移地走和平发展道路，不断夯实走和平发展道路的物质基础和社会基础。^①同时，他还强调，不仅中国要坚定不移地走和平发展道路，其他国家也都要走和平发展道路，只有各国都走和平发展道路，各国才能共同发展，国与国才能和平相处。

和平发展道路不仅是对封闭的和革命的传统社会主义道路的突破，也是对对外扩张和转嫁危机的传统资本主义道路的突破，它不是一条争霸道路和战争道路，而是致力于世界和平和世界和谐的道路。15世纪以来，世界资本主义大国的发展道路都不是和平发展的道路，而是一条海外殖民、对外掠夺、扩张乃至发动侵略战争的道路。中国的和平发展道路截然不同于世界主要资本主义大国所走过的现代化道路，它是科学发展、和平发展和和谐发展的统一，基本理念是和平、开放、合作、和谐、共赢，将自己的发展建立在与不同制度的国家和平共处、发展模式多样自主、文明成果交流共享的理念基础上，从而实现与整个世界的共同和平、共同发展，这是中国特色社会主义的根本理念。

二、理论创新

自古以来，人们从未停止对和平的理论探索。从孔子的"和为贵"到柏拉图的"理想国"，从圣经中的"铸剑为犁"到康德的"永久和平"，关于和平的观念源远流长。近代以来，学者们开始真正将和平纳入理论研究的轨道，和平研究取得了重大进展，形形色色的冲突理论、暴力理论、积极和平理论、和解理论、发展理论、文明理论等大行其道，对维护世界和平作出了重大贡献。

---

① 《习近平：更好统筹国内国际两个大局 夯实走和平发展道路的基础》，人民网2013年1月30日，http://theory.people.com.cn/n/2013/0130/c40531-20370765.html。

所有这些和平理论都有一个共同特征，那就是以西方国家的和平标准为中心，建立在主客体二元对立的思维方式基础之上，是一种建立在"西方中心论"基础上的和平方案。然而，以人类命运共同体思想为代表的中国和平方案则是一种超越民族国家和意识形态的"全球观"，是对西方中心论的超越。中国方案的着眼点是整个人类的和平，而不是某一部分人的和平。从和平发展道路到新型国家关系，再到人类命运共同体，中国的和平方案实现了国家和平、国际和平和人类和平的有机统一，是对和平理论的重要创新，也是对世界和平事业的伟大贡献。

三、制度创新

近代以来，在现代化和全球化推动下，发达国家确立了自由、民主、人权、法治等价值观，并认为它们是代表先进和文明的普世价值观，这些普世价值观和社会制度可以一统天下。民主和平论更是将和平建立在自由民主制度的基础上，民主意味着和平，不民主意味着战争。在这些核心价值观指导下，确立了人民主权、市场经济、代议制、分权制衡、法治政治、基本人权等一系列政治经济制度体系。然而，这一现代制度体系在发达国家获得巩固的同时，也出现了一些新问题，比如经济危机、移民冲突、宗教冲突、性别矛盾等。针对新出现的问题，学界提出了霸权稳定论、全球治理论、协商民主论等新制度来修修补补，创造了联合国、IMF、世界银行、WTO、G20等众多新制度，竭力维护西方发达国家的利益，对其他制度缺乏包容。

相比之下，中国方案以开放的姿态和包容的胸怀积极与世界各国的成功经验开展大胆竞争和平等交流，强调尊重各国社会制度和发展模式，推动广泛对话和深入交流，打破了自由民主一统天下、资本主义终结历史的种种神话，是对和平制度的重要创新。和平发展道路、新型国际关系、"一带一路"倡议、总体安全观和人类命运共同体等和平方案，强调超越时空束缚，以整体意识、全球思维和人类观念，尊重世界多样性，对现有制度体系进行改革，推动现有国际体系和国际秩序向着公正合理的方向发展。比如强调对话而不对抗、结伴但不结盟；重视求同存异、聚同化异；主张合作共赢、共同发展；强调共同安全、综合安全、合作安全和可持续安全；强调包容开放、交流互鉴。所有这些观念都致力于改革现有制度体系，而非抛弃现有制度体系。此种改革并非是另起炉灶，而是在现有体系内推动其改革完善，使之更加公正合理。

四、文化创新

和平发展的道路创新、人类和平的理论创新与模式多样的制度创新，归结起来核心是文化创新，是中华文明和合思想的创造性转化和创新性发展，其所坚持的核心精神是"和"，强调相互尊重、相互理解、彼此圆融，不以任何一方为重，其所追求的境界是"各美其美，美人之美，美美与共，天下大同"。特别是其中包含的"和而不同"思想，以承认事物发展的差异性和多样性为前提，通过积极的对话、协商和沟通的方式，努力积聚共识，增进理解，化解矛盾，这些都是中国和平方案的重要内涵。因此，相比近代西方倡导的构建自由民主世界的思想，中华文明中的和合思想基础上所生长出来的构建人类命运共同体的思想更为丰富，更加包容，其蕴涵着的天人合一的宇宙观、协和万邦的国际观、和而不同的社会观、人心和善的道德观，回答了中国与世界相处的基本价值原则问题，为全球治理烙上鲜明的中国风格，提供了可行的中国方案。

人类社会的发展没有终点，和平的事业也没有终点。在五千多年的文明发展中，中华民族一直追求和传承着和平、和睦、太平的坚定理念。以和为贵、与人为善，己所不欲、勿施于人等和平理念，已经成为中国人开展对外交往的一些基本规则，是探寻全球和平的中国方案的重要思想基础。面对未来，我们要高举和平、发展、合作、共赢的旗帜，致力于中国与世界的共同发展、共同安全和共同富裕事业，不断将人类命运共同体建设推向一个新的境界，这既符合中国发展的根本利益，也符合世界各国人民的共同福祉。